方琼慧◎编著

三天学会纳税

你的第一本纳税书

2012全新修订版

基本纳税知识，读完本书你就全明白了

实用性+引导性+详细案例

仅仅三天时间，教会你如何进行税费的申报和缴纳

印刷工业出版社
北京希望电子出版社
Beijing Hope Electronic Press
www.bhp.com.cn

内容简介

本书从实际需要出发，讲述在合理合法的情况下，如何正确计算企业应缴纳的各种税费，以及如何进行税费的申报和缴纳。

需要本书或技术支持的读者，请与北京清河 6 号信箱（邮编：100085）发行部联系，电话：010-62978181（总机）转发行部、010-82702675（邮购），传真：010-82702698，E-mail：tbd@bhp.com.cn。

图书在版编目（CIP）数据

三天学会纳税：你的第一本纳税书/方琼慧编著.
—北京:印刷工业出版社,2012.10

ISBN 978-7-5142-0577-0

Ⅰ. ①三… Ⅱ. ①方… Ⅲ. ①企业管理－税收管理
Ⅳ. ①F812.423

中国版本图书馆CIP数据核字(2012)第211474号

三天学会纳税：你的第一本纳税书

编　　著：**方琼慧**

责任编辑：岳智勇　周凤明　　　责任校对：黄如川
责任印制：密　东　　　　　　　责任设计：刘　伟
出版发行：印刷工业出版社（北京市翠微路2号　邮编：100036）
　　　　　北京希望电子出版社（北京市海淀区上地三街 9 号嘉华大厦 C 座 610
　　　　　邮编：100085）
网　　址：www.bhp.com.cn
经　　销：各地新华书店
印　　刷：北京市密东印刷有限公司

开　　本：787mm×1092mm　1/16
字　　数：165 千字
印　　张：13.75
印　　数：1～5000
印　　次：2012 年 10 月第 1 版　2012 年 10 月第 1 次印刷
定　　价：32.00 元
I S B N：978-7-5142-0577-0

前　言

税费的高低直接影响到企业的营利水平，体现了企业税负的轻重；从另一方面来讲，税收是国家财政收入的重要来源，它是取之于民、用之于民的一项重要举措。因此，在计算企业所得税时，要按照相关的法律法规据实计算企业应负担的税费，不能因为对法律法规不熟悉而给企业增加不必要的税费开支；也不能为了企业眼前的利益而偷税、漏税，否则会受到法律的制裁。

本书从实际需要出发，讲述在合理合法的情况下，如何正确计算企业应缴纳的各种税费，以及如何进行税费的申报和缴纳。本书主要有以下几方面的特点。

一、实用性

本书以国家最新的税收法律法规为依据，从实际需要出发，讲述税费计算的方法和步骤，可操作性强，初学者很容易就能快速掌握税费的基本知识和核算要点。

二、引导性

我国这两年税收政策有了较大改变，本书从各个税种的基本知识入手（如各个税种的纳税义务人、税率、基本账务处理、税费的申报和缴纳等），到各个税种优惠政策的运用，引导初学者步步深入，从而循序渐进地了解税法立法精神的精髓。

三、案例详细

本书各个章节所列举的案例皆来自现实工作中，且案例后面配有税费计算的具体法律依据或相关的条文规定，有助于初学者及时掌握新的税收政策，快速了解税收法律法规的调整或改变事项，从而更好地掌握最新的税收政策，灵活运用法律法规知识于实践之中。

本书在编写过程中参考了大量的法律法规及与税费有关的书籍，并得到了许多同仁的帮助，在此向各位同仁们表示衷心的感谢！

目 录

第一章

知法懂法不可少

——税法基础知识要了解

第一节 税务会计必须知道的知识点

一、纳税人的权利与义务

（一）纳税人的权利

纳税人的权利主要体现在以下几方面，如图1-1所示。

知情权	有权了解国家税收法律、行政法规、纳税程序等事项，如应纳税额核定的法律依据、实事依据、计算方法等
保密权	有权要求税务部门保守商业秘密和个人隐私权，如企业的经营信息、主要投资人及不愿公开的个人事项等
税收监督权	对税务人员违反税收法律、行政法规的行为可以进行检举和控告
纳税申报方式选择权	纳税申报方式有多种，如网上申报、电话申报、邮寄申报等，纳税人有权选择申报方式，但需经主管税务机关批准
申请延期申报权	纳税人不能按期办理纳税申报或者报送代扣代缴、代收代缴税款报告表时，有权要求申请延期申报
申请延期缴纳税款权	纳税人有特殊困难，不能按期缴纳税款的，有权要求延期缴纳税款，但是最长不得超过三个月
申请退还多缴税款权	纳税人发现多缴税款时，有权要求税务部门退还多交的税款

- 依法享受税收优惠权：纳税人有依照法律、行政法规的规定书面申请减税、免税的权利
- 享有陈述与申辩权：对税务部门作出的行政处罚，纳税人享有陈述权、申辩权
- 税务检查手续不全时享有拒绝检查权：对未出示税务检查证和税务检查通知书的税务人员，纳税人有权拒绝检查
- 享有税收法律救济权：对税务部门作出的决定，纳税人依法享有申请行政复议、提起行政诉讼、请求国家赔偿等权利
- 享有索取税收凭证的权利：纳税人交纳税款时，有权要求税务部门开具完税凭证

图1–1 纳税人享有的权利

（二）纳税人的义务

纳税人负有以下义务，如图1–2所示。

- 及时办理税务登记：自领取营业执照之日起30日内，应持有关证件到税务部门申报办理税务登记
- 依法设置账簿、保管账簿和有关资料：应按照有关法律、行政法规和国务院财政、税务主管部门的规定设置账簿
- 依法开具、使用、取得和保管发票：在购销商品、提供或者接受经营服务以及从事其他经营活动中，应当依法开具、使用、取得和保管发票
- 安装、使用税控装置的义务：应当按照规定安装、使用税控装置，不得损毁或者擅自改动税控装置

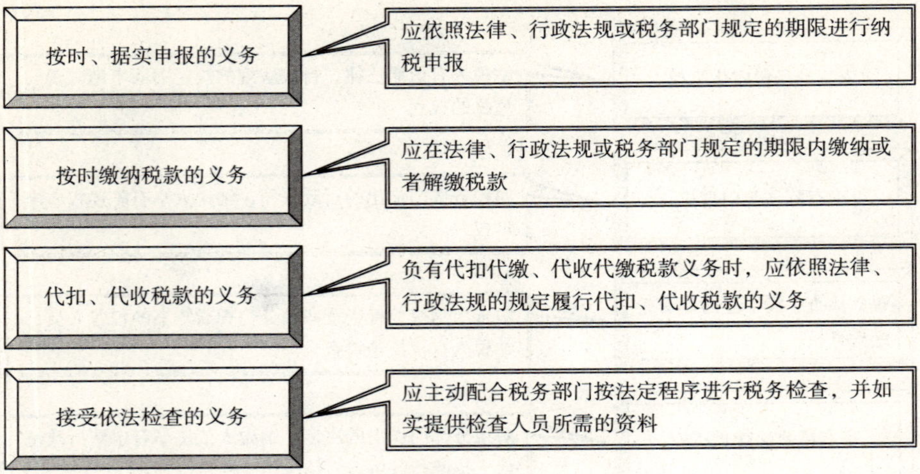

图1–2　纳税人的义务

二、税务登记

从事生产、经营的纳税人自领取营业执照之日起三十日内，应持有关证件，向税务机关申报办理税务登记。纳税人在申报办理税务登记时，需要提供以下资料，如表1–1所示。

表1–1　办理税务登记时需提供的资料

办理税务登记应提供的资料	税务登记表
	房屋、土地、车船情况登记表
	工商营业执照或其他核准执业证件原件及复印件
	注册地址及生产、经营地址证明（产权证、租赁协议）原件及其复印件
	验资报告或评估报告原件及其复印件
	组织机构统一代码证书副本原件及复印件
	有关合同、章程、协议书复印件
	法定代表人（负责人）居民身份证、护照或其他证明身份的合法证件原件及其复印件
	纳税人跨县（市）设立的分支机构办理税务登记时，还须提供总机构的税务登记证（国、地税）副本复印件
	改组改制企业还须提供有关改组改制的批文原件及其复印件
	房屋产权证、土地使用证、机动车行驶证等证件的复印件
	汽油、柴油消费税纳税人还需提供：企业基本情况表；生产装置及工艺路线的简要说明；企业生产的所有油品名称、产品标准及用途
	外商投资企业还需提供商务部门批复设立证书原件及复印件

税务机关将在收到纳税人申报办理税务登记之日起三十日内审核并发给税务登记证件。

三、发票的领购

纳税人办理税务登记取得税务登记证以后，就可提交相关材料并向主管税务机关申请领购发票了。

税务部门对纳税人领购发票实行交旧领新、验旧领新、批量供应方式。购买发票时一般需要带上的资料包括以下几种，如表1–2所示。

表1–2　购买发票应带上的资料

购买发票需带的资料	发票购领簿
	发票申购表
	税务登记证副本
	旧发票存根
	经办人身份证明
	纳税卡
	发票章

四、纳税申报的方式

在实际工作中，企业进行纳税申报的方式主要有以下几种，如图1–3所示。

上门申报	纳税人带上相关资料自行到税务机关办理纳税申报的方式
邮寄申报	按统一规定的纳税申报特快专递专用信封，通过邮政部门办理交寄手续，并向邮政部门索取收据作为申报凭据的方式。邮寄申报以寄出的邮戳日期为实际申报日期

电子申报	通过电话语音、电子数据交换和网络传输等办理纳税申报的方式
银行网点申报	纳税人在法定的申报期限内到银行网点进行申报的方式
简易申报	实行定期定额征收方式的纳税人，经税务机关批准，通过以缴纳税款凭证代替申报的方式

图1-3　纳税申报的几种方式

第二节　计算税费必须了解的概念

税法是国家制定的用以调整国家与纳税人之间在征纳税方面的权利与义务关系的法律规范总称；税收是国家按照法定的标准，向居民和经济组织强制地、无偿地征收用以向社会提供公共产品的财政收入。税法是税收的法律形式，税收是税法确定的具体内容。

一、税务会计必须了解的基本概念

作为税务会计，必须先了解相关的基本概念，才能深入地了解税费知识点。如图1-4所示。

纳税义务人	指直接负有纳税义务的法人、自然人及其他组织，是纳税的主体
征税对象	征税对象又称课税对象，它是指税法规定的征税的目的物，是征纳双方权利和义务所指向的物或行为，是纳税的客体

- 税目：税目反映了具体的征税范围，是征税对象的具体化
- 税率：税率是衡量税负轻重的重要标志，体现了税额与课税对象之间的数量关系或比例关系，是计算税额的尺度
- 纳税环节：征税对象从生产到消费的流转过程中应当缴纳税款的环节
- 纳税期限：纳税义务、扣缴义务发生后，纳税人、扣缴义务人按照税法规定向国家缴纳或者解缴税款的期限
- 纳税地点：纳税人依据税法规定向征税机关申报纳税的具体地点
- 减免税：减免税是指依据税法规定给予纳税人减税、免税：减税是指从应纳税款中减征部分税款；免税是指免征某一税种、某一项目的税款
- 税收优惠：国家在税收方面给予纳税人和征税对象的各种优待的总称，是政府通过税收制度，按照预定目的，减除或减轻纳税义务人税收负担的一种形式

图1-4 税费计算前应了解的基本概念

二、现行税费的种类

我国现行的税费种类主要有以下几种，如表1-3所示。

表1-3 税费的种类

税费的种类	说明
增值税	对在我国境内销售货物或者提供加工、修理修配劳务以及进口货物过程中的增值部分计征的一种流转税
消费税	对在我国境内生产、委托加工和进口应税消费品的单位和个人征收，以特定消费品为课税对象所征收的一种流转税
营业税	对有偿提供应税劳务、转让无形资产和销售不动产的单位和个人征收的一种税

续 表

企业所得税	对我国境内的一切企业和其他取得收入的组织，就其来源于中国境内外的生产经营所得和其他所得征收的一种税
个人所得税	对个人取得的应税收入征收的一种税
资源税	对各种应税自然资源征收的一种税
城镇土地使用税	以在城市、县城、建制镇和工矿区范围内的土地为征税对象，以实际占用的土地面积为计税依据，按规定税额对使用土地的单位和个人征收的一种税
房产税	以城市、县城、建制镇和工矿区范围内的房屋为征税对象，按房产余值或租金收入为计税依据，向产权所有人征收的一种税
城市房地产税	现仅指对外商投资企业、外国企业和外籍个人的房产征收的一种税
城市维护建设税	以纳税人实际缴纳的增值税、消费税、营业税为计税依据征税的一种税
耕地占用税	对占用耕地建房或者从事其他非农业建设的单位和个人，依其占用耕地的面积征收的一种税
土地增值税	对转让国有土地使用权、地上的建筑物及其附着物并取得收入的单位和个人征收的一种税
车辆购置税	对购置汽车、摩托车、电车、挂车、农用运输车等应税车辆的单位和个人征收的一种税
车船税	以在我国境内依法应当到车船管理部门登记的车辆、船舶为征税对象，向车辆、船舶的所有人或管理人征收的一种税
印花税	对经济活动和经济交往中书立、领受税法规定的应税凭证征收的一种税
契税	对在我国境内转移土地、房屋权属的单位和个人征收的一种财产税
烟叶税	向收购烟叶产品的单位征收的税种

本书将主要讲述企业一般需要交纳的几个税种。

三、小规模纳税人与一般纳税人

为了加强增值税的征收管理，国家税务总局按纳税人经营规模大小及会计核算是否健全而将纳税人划分为一般纳税人和小规模纳税人。

（一）小规模纳税人的认定标准

小规模纳税人是指年销售额在规定标准以下，不能正确核算增值税的销项税额、进项税额和应纳税额，且不能按规定报送有关税务资料的增值税纳税人。具体认定标准如下。

（1）从事货物生产或者提供应税劳务的纳税人，以及以从事货物生产或者提供应税劳务为主，并兼营货物批发或者零售的纳税人，年应征增值税销售额在50万元以下（含50万）的纳税人。

以从事货物生产或者提供应税劳务为主，是指纳税人的年货物生产或者提供应税劳务的销售额占年应税销售额的比重在50%以上。

（2）从事货物批发或零售的纳税人，年应税销售额在80万元以下的纳税人。

（3）年应税销售额超过小规模纳税人标准的其他个人按小规模纳税人纳税。

在实际工作中，非企业性单位、不经常发生应税行为的企业可按小规模纳税人纳税。

（二）一般纳税人的认定标准

年应税销售额未超过财政部、国家税务总局规定的小规模纳税人标准以及新开业的纳税人，可以向主管税务机关申请一般纳税人资格认定。对提出申请并且同时符合下列条件的纳税人，主管税务机关应当为其办理一般纳税人资格认定。

（1）有固定的生产经营场所。

（2）能够按照国家统一的会计制度规定设置账簿，根据合法、有效凭证核算，能够提供准确税务资料。

（三）办理一般纳税人资格认定需提供的资料

（1）增值税纳税人年应税销售额超过财政部、国家税务总局规定的小规模纳税人标准的，纳税人应当在申报期结束后40日内向主管税务机关报送《增值税一般纳税人申请认定表》申请一般纳税人资格认定。

《增值税一般纳税人申请认定表》的格式一般如表1-4所示。

表1-4　增值税一般纳税人申请认定表

<table>
<tr><td>纳税人识别号</td><td></td><td>申请时间</td><td></td></tr>
<tr><td>纳税人名称</td><td></td><td>法定代表人</td><td></td></tr>
<tr><td>联系电话</td><td></td><td>增值税企业类型</td><td>□工业 □商业</td></tr>
<tr><td rowspan="5">年度实际销售额
或
年度预计销售额</td><td>生产货物的销售额</td><td colspan="2"></td></tr>
<tr><td>加工、修理修配的销售额</td><td colspan="2"></td></tr>
<tr><td>批发、零售的销售额</td><td colspan="2"></td></tr>
<tr><td>应税销售额合计</td><td colspan="2"></td></tr>
<tr><td>固定资产规模</td><td colspan="2"></td></tr>
<tr><td rowspan="3">会计财务
核算状况</td><td>专业财务人员人数</td><td colspan="2"></td></tr>
<tr><td>设置账簿种类</td><td colspan="2"></td></tr>
<tr><td>能否准确核算进项税额、销项税额</td><td colspan="2">□能　□不能</td></tr>
<tr><td>申请核发税务登记证副本数量</td><td></td><td>新办企业</td><td>□是</td></tr>
<tr><td>申请一般纳税人认定类型</td><td></td><td>经办人</td><td></td></tr>
<tr><td colspan="4">以下税务机关填写</td></tr>
<tr><td>受理人</td><td></td><td>受理日期</td><td>年　月　日</td></tr>
<tr><td>批准一般纳税人认定类型</td><td></td><td>增值税认定级别</td><td>□A □B □C</td></tr>
<tr><td>商贸企业规模</td><td colspan="3">□小型商贸企业　□商贸零售企业　□大中型商贸企业</td></tr>
<tr><td>认定期限起</td><td>年　月　日</td><td>认定期限止</td><td>年　月　日</td></tr>
<tr><td>直接认定为大中型商贸企业</td><td>□是</td><td>不予转正（延期）的生效日期</td><td>年　月　日</td></tr>
<tr><td>税源管理部门意见：
经办人：
负责人：
年　月　日</td><td>税政部门意见：
经办人：
负责人：
年　月　日</td><td colspan="2">县（市）区级税务机关意见：
税务机关（章）
主管局长：
年　月　日</td></tr>
</table>

（2）增值税纳税人年应税销售额未超过财政部、国家税务总局规定的小规模纳税人标准以及新开业的纳税人，可以向主管税务机关申请一般纳税人资格认定。

纳税人在申请一般纳税人资格认定时，需提供以下资料，如表1-5所示。

表1-5 申请一般纳税人时需提供的资料

<table>
<tr><td rowspan="5">年应税销售额未超过小规模纳税人标准的纳税人，申请一般纳税人时需提供的资料</td><td>《税务登记证》副本</td></tr>
<tr><td>财务负责人和办税人员的身份证明及其复印件</td></tr>
<tr><td>会计人员的从业资格证明或者与中介机构签订的代理记账协议及其复印件</td></tr>
<tr><td>经营场所产权证明或者租赁协议，或者其他可使用场地证明及其复印件</td></tr>
<tr><td>国家税务总局规定的其他有关资料</td></tr>
</table>

第二章

新增价值交税有讲究

——增值税实务

第一节 增值税基础知识

增值税是指对在我国境内销售货物或者提供加工、修理修配劳务以及进口货物过程中的增值部分计征的一种流转税。在规定的范围内，企业增值税进项税额可从其销项税额中扣除。

一、增值税纳税义务人

根据《增值税暂行条例》的规定，在我国境内销售货物或者提供加工、修理修配劳务以及进口货物的单位和个人是增值税纳税义务人。

二、增值税税率

根据《增值税暂行条例》的相关规定，增值税税率表如表2-1所示。

表2-1 增值税税率表

<table>
<tr><th>增值税纳税人</th><th colspan="2">征税项目</th><th>税率</th></tr>
<tr><td rowspan="8">增值税一般纳税人</td><td rowspan="6">纳税人销售或者进口货物</td><td>粮食、食用植物油</td><td>13%</td></tr>
<tr><td>自来水、暖气、冷气、热水、煤气、石油液化气、天然气、沼气、居民用煤炭制品</td><td>13%</td></tr>
<tr><td>图书、报纸、杂志</td><td>13%</td></tr>
<tr><td>饲料、化肥、农药、农机、农膜</td><td>13%</td></tr>
<tr><td>国务院规定的其他货物</td><td>13%</td></tr>
<tr><td>除上述规定的项目外，纳税人销售或进口货物</td><td>17%</td></tr>
<tr><td colspan="2">纳税人出口货物</td><td>0（国务院另有规定的除外）</td></tr>
<tr><td colspan="2">纳税人提供加工、修理修配劳务</td><td>17%</td></tr>
<tr><td>增值税小规模纳税人</td><td colspan="2">销售货物或提供应税劳务</td><td>3%</td></tr>
</table>

三、增值税应纳税额计算方法

（一）一般纳税人增值税应纳税额的计算

应纳税额=当月销项税额－当月进项税额

1. 当月销项税额

当月销项税额是指纳税人销售货物或提供应税劳务时所负担的增值税额。在开具增值税专有发票时，销货发票上的增值税额就是销货方的销项税额。

销项税额=销售额×税率

销售额为纳税人销售货物或者应税劳务向购买方收取的全部价款和价外费用，但是不包括收取的销项税额。其中价外费用主要包括价外向购买方收取的手续费、补贴、基金、集资费、返还利润、奖励费、违约金、滞纳金、延期付款利息、赔偿金、代收款项、代垫款项、包装费、包装物租金、储备费、优质费、运输装卸费以及其他各种性质的价外收费。在实际工作中需要注意的是，价外费用不包括下列三项内容，如表2-2所示。

表2-2　销售额中价外费用不包括的三项内容

<table>
<tr><td>价外费用不包括的第一项内容</td><td colspan="2">受托加工应征消费税的消费品所代收代缴的消费税</td></tr>
<tr><td rowspan="2">价外费用不包括的第二项内容</td><td rowspan="2">同时符合以下条件的代垫运输费用</td><td>承运部门的运输费用发票开具给购买方的</td></tr>
<tr><td>纳税人将该项发票转交给购买方的</td></tr>
<tr><td rowspan="3">价外费用不包括的第三项内容</td><td rowspan="3">同时符合以下条件代为收取的政府性基金或者行政事业性收费</td><td>由国务院或者财政部批准设立的政府性基金，由国务院或者省级人民政府及其财政、价格主管部门批准设立的行政事业性收费</td></tr>
<tr><td>收取时开具省级以上财政部门印制的财政票据</td></tr>
<tr><td>所收款项全额上缴财政</td></tr>
</table>

当月进项税额是指纳税人购入货物或接受应税劳务时所负担的增值税额。在开具增值税专有发票时，销货方的销货发票上的增值税金额就是购货方的进项税额。

（二）小规模纳税人应纳税额的计算

应纳税额=销售额×征收率

在实际工作中，小规模纳税人的销售额一般包含了增值税额在内，在这种情况下，计算应纳税额时应先将含税销售额换算成不含税销售额，换算公式为：

不含税销售额=含税销售额÷（1+3%）

四、增值税的一般账务处理

（一）一般纳税人增值税的一般账务处理

（1）进项税额的一般账务处理。

借：原材料（库存商品、固定资产等对应科目）

　　应交税费-应交增值税（进项税额）

　　贷：银行存款（应付账款等对应科目）

（2）销项税额的一般账务处理。

借：银行存款（应收账款、应收票据等对应科目）

　　贷：主营业务收入（其他业务收入等对应科目）

　　应交税费-应交增值税（销项税额）

（3）实际缴纳增值税时。

借：应交税费-应交增值税（已交税金）

　　贷：银行存款

（4）月末结转尚未交纳的增值税时。

借：应交税费-应交增值税（转出未交增值税）

　　贷：应交税费-未交增值税

（5）收到退还的增值税款时。

借：银行存款

　　贷：营业外收入

（二）小规模纳税人的一般账务处理

小规模纳税人的增值税不能进行抵扣的，其所支付的增值税额直接计入有关货物或劳务的成本。

（1）购入货物或接受应税劳务时。

借：原材料（库存商品等相对应科目）

　　贷：银行存款（库存现金、应付账款等相对应科目）

（2）货物销售或提供应税劳务时。

借：银行存款（应收账款等相对应科目）

　　贷：主营业务收入（其他业务收入等相对应科目）

　　应交税费–应交增值税

（3）实际交纳增值税款时。

借：应交税费–应交增值税

　　贷：银行存款

五、视同销售交纳增值税的行为

视同销售行为，是指在实际工作中没有取得销售收入款、债权，也没有抵付债务，但税务机关将其视同销售、需要按税法的规定交纳增值税的行为。根据《增值税暂行条例实施细则》的规定，单位或者个体工商户的下列八种行为，应视同发生了销售行为，如表2–3所示。

表2–3　视同销售的八种行为

第一种视同销售的行为	将货物交付其他单位或者个人代销
第二种视同销售的行为	销售代销货物
第三种视同销售的行为	设有两个以上机构并实行统一核算的纳税人，将货物从一个机构移送其他机构用于销售，但相关机构设在同一县（市）的除外

续　表

第四种视同销售的行为	将自产或者委托加工的货物用于非增值税应税项目
第五种视同销售的行为	将自产、委托加工的货物用于集体福利或者个人消费
第六种视同销售的行为	将自产、委托加工或者购进的货物作为投资，提供给其他单位或者个体工商户
第七种视同销售的行为	将自产、委托加工或者购进的货物分配给股东或者投资者
第八种视同销售的行为	将自产、委托加工或者购进的货物无偿赠送其他单位或者个人

六、进口货物征税规定

申报进入我国海关境内的货物都应缴纳增值税，由海关代征，其纳税期限为海关填发税款缴款书之日起15日内。根据《增值税暂行条例》的规定，纳税人进口货物，按照组成计税价格和规定的税率计算应纳税额。组成计税价格和应纳税额计算公式：

组成计税价格=关税完税价格+关税＋消费税

应纳税额=组成计税价格×税率

根据规定，进出口货物的完税价格，由海关以该货物的成交价格为基础审查确定，一般包括货物的货价、运抵输入地点起卸前的运输、保险费，成交过程中，进口人向卖方支付佣金及其他劳务费用。

七、出口货物退（免）税

（一）出口货物退（免）税规定

我国出口货物退（免）税的形式主要有以下两种：

1. 免税并退税

（1）免税。

免税是指对货物在出口环节不征收增值税和消费税。

（2）退税。

退税是指对货物在出口前实际承担的税负按规定的退税率计算退还纳税人。

2. 免税但不退税

免税是指对货物在出口环节不征收增值税和消费税，由于出品货物在前一道生产、销售环节或进口环节是免税的，出口货物中没有包含税费，因此也不存在退税的说法。

（二）出口货物退（免）税范围

根据《出口货物退(免)税管理办法》规定：对出口的凡属于已征或应征增值税、消费税的货物，除国家明确规定不予退(免)税的货物和出口企业从小规模纳税人购进并持普通发票的部分货物外，都属于出口货物退(免)税的货物范围，均应予以退还已征增值税和消费税或免征应征的增值税和消费税。

（三）出口货物应退增值税额的计算

根据国家税务总局关于印发《出口货物退（免）税管理办法》的通知，出口货物应退增值税税额，依进项税额计算。具体计算方法如下。

（1）出口企业将出口货物单独设立库存账和销售账记载的，应依据购进出口货物增值税专用发票所列明的进项金额和税额计算。

对库存和销售均采用加权平均进价核算的企业，也可按适用不同税率的货物依下列公式计算：

应退税额=出口货物数量×加权平均进价×税率

（2）出口企业兼营内销和出口货物且其出口货物不能单独设账核算的，应先对内销货物计算销项税额并扣除当期进项税额后，再依下列公式计算出口货物的应退税额：

①销项金额×税率≥未抵扣完的进项税额

应退税款=未抵扣完的进项税额

②销项金额×税率<未抵扣完的进项税额

应退税额=销项金额×税率

结转下期抵扣进项税额=当期未抵扣完的进项税额–应退税额

销项金额是指依出口货物离岸价和外汇牌价计算的人民币金额。税率是指计算该项货物退税的税率。

凡从小规模纳税人购进特准退税的出口货物的进项税额，计算方法如下：

进项税额=普通发票所列（含增值税的）销售金额÷（1+征收率）×退税率

其他出口货物的进项税额依增值税专用发票所列的增值税税额计算确定。

八、免征增值税的项目

根据《增值税暂行条例》的规定，以下七个项目可以免征增值税，如表2-4所示。

表2-4　免征增值税的七个项目

免税征增值税的项目		备注
第一个免征增值税的项目	农业生产者销售的自产农产品	农业是指种植业、养殖业、林业、牧业、水产业；农业生产者既包括从事农业生产的个人，也包括从事农业生产的单位；农产品是指初级农产品
第二个免征增值税的项目	避孕药品和用具	
第三个免征增值税的项目	古旧图书	向社会收购的古书和旧书
第四个免征增值税的项目	直接用于科学研究、科学试验和教学的进口仪器、设备	
第五个免征增值税的项目	外国政府、国际组织无偿援助的进口物资和设备	
第六个免征增值税的项目	由残疾人组织直接进口供残疾人专用的物品	
第七个免征增值税的项目	销售自己使用过的物品	

增值税的免税项目由国务院规定。纳税人销售货物或者应税劳务适用免税规定的，可以放弃免税，但放弃免税后，36个月内不得再申请免税。

九、增值税纳税义务的发生时间

《增值税暂行条例实施细则》对增值税纳税义务的发生时间作了明确的规定，如表2-5所示。

表2-5　增值税纳税义务的发生时间

销售货物或提供应税劳务的方式	增值税纳税义务的发生时间
采取直接收款方式销售货物的	收到销售款或者取得索取销售款凭据的当天
销售应税劳务的	提供劳务同时收讫销售款或者取得索取销售款凭据的当天
托收承付和委托银行收款方式销售货物的	发出货物并办妥托收手续的当天
赊销和分期收款方式销售货物的	为书面合同约定的收款日期的当天，无书面合同的或者书面合同没有约定收款日期的，为货物发出的当天
预收货款方式销售货物的	为货物发出的当天（生产销售生产工期超过12个月的大型机械设备、船舶、飞机等货物，为收到预收款或者书面合同约定的收款日期的当天）
委托其他纳税人代销货物的	收到代销单位的代销清单或者收到全部或者部分货款的当天；未收到代销清单及货款的，为发出代销货物满180天的当天
视同销售的行为	货物移送的当天

十、增值税纳税申报及其税款缴纳的规定

（一）增值税纳税申报地点

《增值税暂行条例》对纳税人增值税的申报地点作了如下的规定：

（1）固定业户应当向其机构所在地的主管税务机关申报纳税。总机构和分支机构不在同一县（市）的，应当分别向各自所在地的主管税务机关申报纳税；经国务院财政、税务主管部门或者其授权的财政、税务机关批准，可以由总机构汇总向总机构所在地的主管税务机关申报纳税。

（2）固定业户到外县（市）销售货物或者应税劳务，应当向其机

构所在地的主管税务机关申请开具外出经营活动税收管理证明，并向其机构所在地的主管税务机关申报纳税；未开具证明的，应当向销售地或者劳务发生地的主管税务机关申报纳税；未向销售地或者劳务发生地的主管税务机关申报纳税的，由其机构所在地的主管税务机关补征税款。

（3）非固定业户销售货物或者应税劳务，应当向销售地或者劳务发生地的主管税务机关申报纳税；未向销售地或者劳务发生地的主管税务机关申报纳税的，由其机构所在地或者居住地的主管税务机关补征税款。

（4）进口货物，应当向报关地海关申报纳税。扣缴义务人应当向其机构所在地或者居住地的主管税务机关申报缴纳其扣缴的税款。

（5）扣缴义务人应当向其机构所在地或者居住地的主管税务机关申报缴纳其扣缴的税款。

（二）增值税纳税申报期限

纳税人的具体纳税期限，由主管税务机关根据纳税人应纳税额的大小分别核定；不能按照固定期限纳税的，可以按次纳税。增值税的纳税期限分别为1日、3日、5日、10日、15日、1个月或者1个季度（一个季度仅适用于小规模纳税人）。

报税会计应在规定的期限内及时进行纳税申报。

1. 一般纳税人增值税的申报

纳税人进行纳税申报必须实行电子信息采集。使用防伪税控系统开具增值税专用发票的企业必须在抄报税成功后，方可进行纳税申报。

进行纳税申报时，必须申报的资料有：

（1）《增值税纳税申报表》及《增值税纳税申报表附列资料（表一）、（表二）、（表三）、（表四）》，表格的格式如表2-6至表2-10所示。

表2-6 增值税纳税申报表的格式

增 值 税 纳 税 申 报 表
（适用于增值税一般纳税人）

税款所属时间：自　　年　　月　　日至　　年　　月　　日　填表日期：　年　月　日　　　　金额单位：元至角分

纳税人识别号				所属行业		
纳税人名称	（公章）	法定代表人姓名		注册地址	营业地址	
开户银行及账号		企业登记注册类型			电话号码	
项目		栏次	一般货物及劳务		即征即退货物及劳务	
			本月数	本年累计	本月数	本年累计
销售额	（一）按适用税率征税货物及劳务销售额	1				
	其中：应税货物销售额	2				
	应税劳务销售额	3				
	纳税检查调整的销售额	4				
	（二）按简易征收办法征税货物销售额	5				
	其中：纳税检查调整的销售额	6				

续 表

销售额	（三）免、抵、退办法出口货物销售额	7			—	—
	（四）免税货物及劳务销售额	8			—	—
	其中：免税货物销售额	9			—	—
	免税劳务销售额	10			—	—
税款计算	销项税额	11				
	进项税额	12				
	上期留抵税额	13		—		—
	进项税额转出	14				
	免抵退货物应退税额	15			—	—
	按适用税率计算的纳税检查应补缴税额	16			—	—
	应抵扣税额合计	17=12+13-14-15+16		—		—
	实际抵扣税额	18（如17<11，则为17，否则为11）				
	应纳税额	19=11-18				
	期末留抵税额	20=17-18		—		—
	简易征收办法计算的应纳税额	21				

续　表

税款计算	按简易征收办法计算的纳税检查应补缴税额	22			—	—
	应纳税额减征额	23				
	应纳税额合计	24=19+21-23				
税款缴纳	期初未缴税额（多缴为负数）	25				
	实收出口开具专用缴款书退税额	26			—	—
	本期已缴税额	27=28+29+30+31				
	①分次预缴税额	28		—		—
	②出口开具专用缴款书预缴税额	29		—	—	—
	③本期缴纳上期应纳税额	30				
	④本期缴纳欠缴税额	31				
	期末未缴税额（多缴为负数）	32=24+25+26-27				
	其中：欠缴税额（≥0）	33=25+26-27		—		—
	本期应补(退)税额	34=24-28-29		—		—
	即征即退实际退税额	35	—	—		
	期初未缴查补税额	36			—	—
	本期入库查补税额	37			—	—

续 表

	期末未缴查补税额	38=16+22+36-37			——	——
授权声明	如果你已委托代理人申报，请填写下列资料： 为代理一切税务事宜，现授权　　　　（地址） 　　为本纳税人的代理申报人，任何与本申报表有关的往来文件，都可寄予此人。 授权人签字：	申报人声明	此纳税申报表是根据《中华人民共和国增值税暂行条例》的规定填报的，我确定它是真实的、可靠的、完整的。 声明人签字：			

以下由税务机填写：

收到日期：　　　　　　接收人：　　　　　　主管税务机关盖章：

表2-7　增值税纳税申报表附列资料（表一）的格式

增值税纳税申报表附列资料（表一）

税款所属时间：　年　　月

纳税人名称（公章）：　　　　填表日期：　　年　　月　　日　　　　金额单位：元至角分

一、按适用税率征收增值税货物及劳务的销售额和销项税额明细													
项　目	栏　次	应税货物						应税劳务			小　计		
		17%税率			13%税率								
		份数	销售额	销项税额	份数	销售额	销项税额	份数	销售额	销项税额	份数	销售额	销项税额
防伪税控系统开具的增值税专用发票	1												

续　表

非防伪税控系统开具的增值税专用发票	2												
开具普通发票	3												
未开具发票	4	—			—			—			—		
小　计	5=1+2+3+4	—			—			—			—		
纳税检查调整	6	—			—			—			—		
合　计	7=5+6	—			—			—			—		

二、简易征收办法征收增值税货物的销售额和应纳税额明细

项　目	栏　次	6%征收率			4%征收率			小　计		
		份数	销售额	应纳税额	份数	销售额	应纳税额	份数	销售额	应纳税额
防伪税控系统开具的增值税专用发票	8									
非防伪税控系统开具的增值税专用发票	9									
开具普通发票	10									
未开具发票	11	—			—			—		
小　计	12=8+9+10+11	—			—			—		
纳税检查调整	13	—			—			—		
合　计	14=12+13	—			—			—		

续 表

三、免征增值税货物及劳务销售额明细										
项 目	栏 次	免税货物			免税劳务			小 计		
		份数	销售额	税额	份数	销售额	税额	份数	销售额	税额
防伪税控系统开具的增值税专用发票	15				——	——	——			
开具普通发票	16			——	——		——			——
未开具发票	17	——		——	——		——	——		——
合 计	18=15+16+17	——			——		——	——		

表2-8 增值税纳税申报表附列资料（表二）的格式

增值税纳税申报表附列资料（表二）

税款所属时间： 年 月

纳税人名称（公章）： 填表日期： 年 月 日 金额单位：元至角分

一、申报抵扣的进项税额				
项目	栏次	份数	金额	税额
（一）认证相符的防伪税控增值税专用发票	1			
其中：本期认证相符且本期申报抵扣	2			
前期认证相符且本期申报抵扣	3			
（二）非防伪税控增值税专用发票及其他扣税凭证	4			
其中：17%税率	5			
13%税率或扣除率	6			

续 表

10%扣除率	7			
7%扣除率	8			
6%征收率	9			
4%征收率	10			
（三）期初已征税款	11	——	——	
当期申报抵扣进项税额合计	12			
二、进项税额转出额				
项目	栏次	税额		
本期进项税转出额	13			
其中：免税货物用	14			
非应税项目用	15			
非正常损失	16			
按简易征收办法征税货物用	17			
免抵退税办法出口货物不得抵扣进项税额	18			
纳税检查调减进项税额	19			
未经认证已抵扣的进项税额	20			
	21			
三、待抵扣进项税额				
项目	栏次	份数	金额	税额
（一）认证相符的防伪税控增值税专用发票	22	——	——	——

续 表

期初已认证相符但未申报抵扣	23			
本期认证相符且本期未申报抵扣	24			
期末已认证相符但未申报抵扣	25			
其中：按照税法规定不允许抵扣	26			
（二）非防伪税控增值税专用发票及其他扣税凭证	27			
其中：17%税率	28			
13%税率及扣除率	29			
10%扣除率	30			
7%扣除率	31			
6%征收率	32			
4%征收率	33			
	34			
四、其他				
项目	栏次	份数	金额	税额
本期认证相符的全部防伪税控增值税专用发票	35			
期初已征税款挂账额	36	——	——	
期初已征税款余额	37	——	——	
代扣代缴税额	38	——	——	

表2-9　增值税纳税申报表附列资料（表三）的格式

增值税纳税申报表附列资料（表三）

（防伪税控增值税专用发票申报抵扣明细）

申报抵扣所属期：　年　月

纳税人识别号：

纳税人名称（公章）：　　　　填表日期：　年　月　日　　　　金额单位：元至角分

类别	序号	发票代码	发票号码	开票日期	金额	税额	销货方纳税人识别号	认证日期	备注
本期认证相符且本期申报抵扣									
	小计	—	—	—			—	—	—
前期认证相符且本期申报抵扣									
	小计	—	—	—			—	—	—
合　计		—	—	—			—	—	—

表2-10　增值税纳税申报表附列资料（表四）

增值税纳税申报表附列资料（表四）

（防伪税控增值税专用发票存根联明细）

申报所属期：　年　月

纳税人识别号：　　　　填表日期：　年　月　日

纳税人名称（公章）：　　　　金额单位：元至角分

序号	发票代码	发票号码	开票日期	购货方纳税人识别号	金额	税额	作废标志
合计	—	—	—	—			—

（2）使用防伪税控系统的纳税人，必须报送记录当期纳税信息的IC卡、《增值税专用发票存根联明细表》及《增值税专用发票抵扣联明细表》。

每月抄税起始日起，如果不抄税不能开票，且抄税后要在10日内报税。

《增值税专用发票抵扣联明细表》的格式如表2-11所示。

表2-11　增值税专用发票抵扣联明细表

增值税专用发票抵扣明细表

纳税人识别号：
纳税人名称：　　　　申报所属期间：　年　月份　　　金额单位：元（列至角分）　（共　页.第　页）

序号	发票类别	发票号码	开票日期	供货或运输单位名称	销货方纳税人识别号	购进货物或应税劳务名称	金额	税率	税额	货物入库时间	记账凭证号码	付款日期	付款金额	付款凭证号码	备注
1															
2															
3															
4															
5															
6															
7															
8															
9															
10															
小计															
合计															

填表人：　　　抽样人：　　　录入人：　　　复核人：　　　收件审核员签章：

（3）《资产负债表》和《利润表》。

《资产负债表》和《利润表》的格式一般如表2-12和表2-13所示。

表2-12　资产负债表的格式

资产负债表

年　月　日　　　　会企01表

编制单位：　　　　单位：元

资　产	期末余额	年初余额	负债及所有者权益	期末余额	年初余额
流动资产：			流动负债：		
货币资金			短期借款		
交易性金融资产			交易性金融负债		
应收票据			应付票据		
应收账款			应付账款		
预付账款			预收账款		
应收利息			应付职工薪酬		
应收股利			应交税费		
其他应收款			应付利息		
存货			应付股利		
一年内到期的非流动资产			其他应付款		
其他流动资产			一年内到期的非流动负债		
流动资产合计			其他流动负债		
非流动资产：			流动负债合计		
可供出售金融资产			非流动负债：		

续　表

持有至到期投资			长期借款		
长期应收款			应付债券		
长期股权投资			长期应付款		
投资性房地产			预计负债		
固定资产			递延所得税负债		
在建工程			其他非流动负债		
工程物资			非流动负债合计		
固定资产清理			负债合计		
生产性生物资产			所有者权益：		
汽油资产			实收资本（股本）		
无形资产			资本公积		
开发支出			减：库存股		
商誉			盈余公积		
长期待摊费用			未分配利润		
递延所得税			所有者权益合计		
其他非流动资产					
非流动资产合计					
资产总计			负债及所有者权益合计		

表2-13 利润表的格式

利 润 表

年 月 日　　会企01表

编制单位：　　单位：元

项 目	本期金额	上期金额
一、营业收入		
减：营业成本		
营业税金及附加		
销售费用		
管理费用		
财务费用		
资产减值损失		
加：公允价值变动收益（损失以“-”号填列）		
投资收益（损失以“-”号填列）		
二、营业利润（亏损以“-”号填列）		
加：营业外收入		
减：营业外支出		
其中：非流动资产处置损失		
三、利润总额（亏损总额以“-”号填列）		
减：所得税费用		
四、净利润（净亏损以“-”号填列）		

（4）《成品油购销存情况明细表》。（发生成品油零售业务的纳税人填报）

表2-14　成品油购销存情况明细表

成品油购销存情况明细表

单位名称（印章）：　　　　税款所属期　年　月　　　　单位：吨、元

油品型号	期初库存				本期入库				本期出库						期末库存			
	数量		金额		数量		金额		应税部分		非应税部分				数量		金额	
									数量	金额	数量		金额					
	自购	代储	自购	代储	自购	代储	自购	代储			自用	代储	自用	代储	自购	代储	自购	代储
	1	2	3	4	5	6	7	8	9	10	11	12	13	14	15	16	17	18
				—				—						—				—
				—				—						—				—
				—				—						—				—
合计	—	—		—	—	—		—	—		—	—		—	—	—		—

注：本表逻辑关系式为：15=1+5-9-11；16=2+6-12；17=3+7-10-13。

（5）主管税务机关规定的其他必报资料。

2.小规模纳税人增值税的申报

小规模纳税人增值税纳税申报表的格式如表2-15所示。

表2-15　小规模纳税人增值税申报表的格式

增值税纳税申报表（适用小规模纳税人）

纳税人识别号：□□□□□□□□□□□□□□□□□□□□

纳税人名称（公章）：　　　　金额单位：元（列至角分）

税款所属期：　年　月　日至　年　月　日　填表日期：　年　月　日

	项　目	栏次	本月数	本年累计
一、计税依据	应征增值税货物及劳务不含税销售额	1		
	其中：税务机关代开的增值税专用发票不含税销售额	2		
	税控器具开具的普通发票不含税销售额	3		
	销售使用过的应税固定资产不含税销售额	4		
	其中：税控器具开具的普通发票不含税销售额	5		
	（三）免税货物及劳务销售额	6		
	其中：税控器具开具的普通发票销售额	7		
	（四）出口免税货物销售额	8		
	其中：税控器具开具的普通发票销售额	9		
二、税款计算	本期应纳税额	10		
	本期应纳税额减征额	11		

续 表

<table>
<tr><td rowspan="4">二、税款计算</td><td colspan="2">应纳税额合计</td><td>12=10-11</td><td></td><td></td></tr>
<tr><td colspan="2">本期预缴税额</td><td>13</td><td></td><td>——</td></tr>
<tr><td colspan="2">本期应补（退）税额</td><td>14=12-13</td><td></td><td>——</td></tr>
<tr><td colspan="2"></td><td></td><td></td><td></td></tr>
<tr><td colspan="2" rowspan="4">纳税人或代理人声明：
此纳税申报表是根据国家税收法律的规定填报的，我确定它是真实的、可靠的、完整的。</td><td colspan="4">如纳税人填报，由纳税人填写以下各栏</td></tr>
<tr><td colspan="4">办税人员（签章）：　　财务负责人（签章）：
法定代表人（签章）：　　联系电话：</td></tr>
<tr><td colspan="4">如委托代理人填报，由代理人填写以下各栏</td></tr>
<tr><td colspan="4">代理人名称：　　经办人（签章）：　　联系电话：
代理人（公章）：</td></tr>
</table>

受理人：　　　　受理日期：　年　月　日　受理税务机关（签章）：

（三）增值税税款缴纳期限

以1日、3日、5日、10日或者15日为1个纳税期的，自期满之日起5日内预缴税款，于次月1日起15日内申报纳税并结清上月应纳税款；纳税人以1个月或者1个季度为1个纳税期的，自期满之日起15日内申报纳税；纳税人进口货物的，应当自海关填发海关进口增值税专用缴款书之日起15日内缴纳税款。

第二节 增值税的计算

一、一般业务应纳增值税额的计算

【例2-1】甲企业为增值税一般纳税人。1月份收入情况为：开具增值税专用发票取得不含税销售收入合计660 000元；开具普通发票取得含税销售收入合计58 500元。1月份购进物资的情况为：购进甲材料一批，增值税专用发票上注明材料款为100 000元，增值税额为117 000元。1月份甲企业应交纳多少增值税？

销项税额=660 000×17%+58 500÷（1+17%）×17%=120 700（元）

应交增值税=120 700－117 000=3 700（元）

在日常工作中，一般只有从销售方取得的增值税专用发票上注明的增值税额和从海关取得的海关进口增值税专用缴款书上注明的增值税额才能从销项税额中进行抵扣。

【例2-2】乙企业为增值税小规模纳税人，1月份取得商品销售入款59 740元。1月份，乙企业应交纳多少增值税？

不含税销售额=59 740÷（1+3%）=58 000（元）

应纳税额=58 000×3%=1 740（元）

二、销售使用过的固定资产增值税的计算

【例2-3】某企业为增值税一般纳税人，2010年1月出售了以下使用过的固定资产：出售2009年1月购入的加工设备一套，取得收入款175 500元；出售2006年购入的一套无需用的办公设备一套，取得收入款58 500元。已知这两套设备已按相关规定计提了折旧。该企业1月份的这两项业务应交纳多少增值税？

加工设备应交增值税额=175 500÷（1+17%）×17%=25 500（元）

办公设备应交增值税额=58 500×4%÷2=1 170（元）

1月份销售使用过的固定资产共应交纳增值税额=25 500+1 170=26 670（元）

根据财政部、国家税务总局财税[2008]170号《关于全国实施增值税转型改革若干问题的通知》的规定，自2009年1月1日起，纳税人销售自己使用过的固定资产（根据财务会计制度已经计提折旧的固定资产），应按以下情形征收增值税。

（1）销售自己使用过的2009年1月1日以后购进或者自制的固定资产，按照适用税率征收增值税。

（2）2008年12月31日以前未纳入扩大增值税抵扣范围试点的纳税人，销售自己使用过的2008年12月31日以前购进或者自制的固定资产，按照4%征收率减半征收增值税。

（3）2008年12月31日以前已纳入扩大增值税抵扣范围试点的纳税人，销售自己使用过的在本地区扩大增值税抵扣范围试点以前购进或者自制的固定资产，按照4%征收率减半征收增值税；销售自己使用过的在本地区扩大增值税抵扣范围试点以后购进或者自制的固定资产，按照适用税率征收增值税。

三、购置税控机增值税的计算

【例2-4】丙企业是新认定的增值税一般纳税人，1月份购入税控收款机一台，增值税专用发票上注明税控机的价款为2 000元、增值税税额为340元。丙企业购置税控机的增值税怎么计算？

丙企业可抵扣的增值税进项税额=340（元）

根据财政部、国家税务总局《关于推广税控收款机有关税收政策的通知》的相关规定，购置税控机增值税的处理方法如下。

（一）增值税一般纳税人购置税控收款机

增值税一般纳税人购置税控收款机的，购进税控收款机取得的增值税专用发票上注明的增值税税额准予在该企业当期的增值税销项税额中抵扣。

（二）增值税小规模纳税人与营业税纳税人

增值税小规模纳税人或营业税纳税人购置税控收款机的，在经过主管税务机关审核批准后，可凭购进税控收款机取得的增值税专用发票，按照发票上注明的增值税税额，抵免当期应纳增值税或营业税税额，或者按照购进税控收款机取得的普通发票上注明的价款，依下列公式计算可抵免税额：

可抵免税额=税控机价款÷（1+17%）×17%

对于购置税控机允许抵扣的金额，如果当期应纳税额不足抵免的，未抵免部分可以在下期继续抵免。

四、购进农产品增值税的计算

【例2-5】丁企业是增值税一般纳税人，1月份购进一批农产品，收购发票上注明农产品的价格为5 000元。丁企业购进的农产品可抵扣的进项税额为多少？

可抵扣的进项税额=5 000×13%=650（元）

根据《增值税暂行条例》的相关规定，购进农产品可按照农产品收购发票或者销售发票上注明的农产品买价和13%的扣除率计算的进项税额。进项税额计算公式：

进项税额=买价×扣除率

五、运费抵扣增值税的计算

【例2-6】某企业1月份购进一批甲材料，共支付运费1 500元，企业取得了合法的运费结算单。支付的这笔运输费用可抵扣的进项税额为多少？

可抵扣的进项税额=1 500×7%=105（元）

根据《增值税暂行条例》的规定，购进或者销售货物以及在生产经营过程中支付运输费用的，可按照运输费用结算单据上注明的运输费用金额和7%的扣除率计算的进项税额。进项税额计算公式为：

进项税额=运输费用金额×扣除率

六、商业折扣情况下增值税的计算

【例2-7】某企业1月份销售了一批产品，销售数量为5 000件，正常销售单价为200元/件（不含税）。因购货方数量较大而给予对方3%的商业折扣，实际销售额与折扣额开具在同一张增值税专用发票上，且分别注明了。该企业这笔业务应交纳多少增值税额？

折扣额=5 000×200×3%=30 000（元）

计税销售额=5 000×200－30 000=970 000（元）

销项税额=970 000×17%=164 900（元）

根据税法的相关规定，采取商业折扣方式销售货物的，如果销售额和折扣额开在同一张发票上并分别注明的，按折扣后的实际销售额作为销售额计算增值税；如果将折扣额另开发票，不论其在财务上如何处理，均不得从销售额中减除折扣额。

七、现金折扣情况下增值税的计算

【例2-8】某公司1月1日销售了一批产品，购销合同中注明产品的价款为30 000元（不含税价），购销合同的付款条款中标有“2/10、1/20、n/30”字样。1月8日对付支付了产品的货款。这笔销货业务，该公司在开具增值税发票上增值税的金额应为多少?

应纳税额=30 000×17%=5 100（元）

根据国家的相关规定，采用现金折扣方式销售产品的，在计算增值税时现金折扣不得从销售额中减除。

八、销售折让情况下增值税的计算

【例2-9】某企业1月1日销售一批A产品，确认的不含税收入为30 000元，购货方尚未支付货款；1月5日，购货方提出有些产品存在瑕疵问题，要求改换产品。经双方协商后，购货方不改换产品，但企业需在价格上给予2 000元的优惠。这批A产品应交纳多少增值税?

销售A产品时，企业开出增值税专用发票，其中增值税额应为:

30 000×17%=5 100（元）

发生销售折让时，企业开具红字专用发票，其中增值税额应为（红字）:

2 000×17%=340（元）

因此，这批A产品的实际应交纳的增值税销项税额为:

5 100－340=4 760（元）

根据相关规定，销售折让情况下按折让后的货款为销售额计税依据。

九、兼营行为增值税的计算

【例2-10】某机械加工厂1月份收入情况为：销售农机取得不含税收入888 000元；利用本厂的有利条件同时从事机械设备的修理修配业务，取得不含税收入88　000元。该机械加工厂1月份应交纳多少增值税？

增值税销项税额=888 000×13%+88 000×17%=130 400（元）

根据《增值税暂行条例》的规定，纳税人兼营不同税率的货物或者应税劳务的，应当分别核算不同税率货物或者应税劳务的销售额；未分别核算销售额的，从高适用税率。

【例2-11】A企业是增值税一般纳税人，主要以生产建材为主。1月份：销售建材取得不含税收入666 000元；当月还接了一些室内装饰业务，取得收入66 000元（营业税适用税率为3%）。1月份A企业应交纳多少增值税？

应纳增值税额=666 000×17%=113 220（元）

室内装饰业务属于交纳营业税范畴，应纳营业税额=66 000×3%=1 980（元）

根据相关规定，纳税人兼营非增值税应税项目的，应分别核算货物或者应税劳务的销售额和非增值税应税项目的营业额，并按照各自适用的税率交纳增值税和营业税；未分别核算的，由主管税务机关核定货物或者应税劳务的销售额。

十、混合销售行为增值税的计算

【例2-12】甲建筑安装材料公司1月份销售业务情况为：销售装饰材料取得增值税专用发票，发票上记载材料款为50 000元，增值税额为8 500元；同时承接为客户安装装饰材料的业务，取得收入22 000元。该公司1月份应交纳多少增值税？

1月份增值税应纳税额=8 500+22 000×17%=12 240（元）

根据税法的相关规定，一项销售行为如果既涉及应税劳务又涉及货物，为混合销售行为。从事货物的生产、批发或者零售的企业、企业性单位和个体工商户的混合销售行为，视为销售货物，不缴纳营业税；其他单位和个人的混合销售行为，视为提供应税劳务，缴纳营业税。

十一、视同销售货物行为增值税的计算

【例2-13】假设某企业是增值税一般纳税人，3月份发生了下列业务：一项在建的仓库领用A产品3 000元，该A产品的市场售价为6 500元（不含税）；在“三八妇女节”时将自产的B产品作为福利发给企业的女职工，发放的B产品成本价为2 000元，市场售价为4 200元（不含税）；将自产的C产品捐赠给希望工程，捐赠C产品的成本价为5 000元，税务机关核定的计税金额为8 500元。该企业3月份应交纳多少增值税？

增值税销项税税额=（6 500+4 200+8 500）×17%=3 264（元）

根据税法的规定，视同销售货物的行为应按销售货物的行为计算交纳增值税。对于视同销售行为计算交纳增值税的，如果没有销售额的按下列顺序确定其销售额。

首先，应按纳税人当月同类货物的平均售价来确定。

其次，若当月没有销售同类货物，则应按最近时期内纳税人同类货物的平均售价来确定。

最后，若纳税人当月、近期都没有销售同类货物，则按组成计税价格来确定其售价。组成计税价格的计算公式为：

组成计税价格=成本×（1+成本率）+消费税税额

各种货物成本率的具体百分比由国家税务总局确定。

十二、以旧换新方式销售时增值税的计算

【例2-14】某企业为增值税一般纳税人企业，1月份采取以旧换新方式收回以前出售的手机，该企业规定只要是本企业2009年购置的某型号的手机，现在只要交还旧手机并补交400元的现金就可以换取一款新型的手机。当月共收回旧手机2 000件，取得现金800 000元，已知新款手机的市场售价为1 500元（不含税售价）。该企业以旧换新方式收回的手机应交纳多少增值税？

应纳税额=2 000×1 500×17%=510 000（元）

以旧换新方式销售是指纳税人在售出自己的货物时，有偿收回旧货物的行为。根据税法规定，采取以旧换新方式销售货物的，应按新货物的同期销售价格确定销售额，不得扣减旧货物的收购价格。但需要注意的是，根据税法的相关规定，对金银首饰以旧换新的业务，可按销售方实际收取的不含增值税的全部价款征收增值税。

十三、还本销售方式时增值税的计算

【例2-15】某企业为增值税一般纳税人企业，1月份采取还本方式销售某型号的冰箱，销售合同规定，冰箱的售价为2 500元（不含税售价），凡购买该型号的冰箱，三年后每台可退还500元现金。1月该企业共售出该型号的冰箱1 000台，销售这批冰箱企业应交纳多少增值税？

应纳税额=1 000×2 500×17%=425 000（元）

还本销售是指纳税人销售货物后，在一定期限内将全部或部分销货款一次或分次无条件退还给购货方的一种销售方式。根据税法的规定，采取还本销售方式销售货物，其销售额就是货物的销售价格，还本支出不得从销售额中扣减。

十四、以物易物方式销售时增值税的计算

【例2-16】甲企业为增值税一般纳税人企业，1月份需要从乙企业购进一批原材料，正好乙企业当月也需要购进甲企业的一批产品，于是甲、乙企业决定采取以物易物的方式销售各自的货物。已知乙企业购进的原材料市场价为30 000元（不含税价），乙企业需要的甲企业的产成品市场售价为30 000元（不含税价），甲企业这笔业务应交纳多少增值税？

增值税销项税额=30 000×17%=5 100（元）

增值税进项税额=30 000×17%=5 100（元）

甲企业以物易物方式实际需交纳增值税=5 100－5 100=0（元）

以物易物是指购销双方是以同等价款的货物相互结算，而不以货币结算来实现货物的购销方式。在这种方式下销售的，购销双方应作购销处理，并分别开具合法的票据，如果购进的货物不能取得增值税专用发票，则不能抵扣进项税额。

十五、包装物押金增值税的计算

【例2-17】某企业是增值税一般纳税人，2009年1月1日销售一批产品，向购货方收取产品包装物押金3 510元，至2010年1月1日尚未收回对方退回的包装物，根据合同的规定包装物押金不再退还购货方。企业不退还的包装物是否需要交纳增值税？

应纳税额=3 510÷（1+17%）×17%=510（元）

根据税法的规定，企业因销售货物而出租出借包装物收取的押金，单独记账核算的，时间在1年以内或没有超过合同实际约定时间的包装物押金，不并入销售额征税；若超过合同约定的时间或以一年为期限未收回包装物而不再退还的包装物押金，则应并入销售额计征销项税。但需要注意的是，在实际工作中，应记得将需要征税的逾期包装物押金换算为不含税价再并入销售额征税。

十六、进口货物增值税的计算

【例2-18】某企业从国外进口一批货物，国外买价为500 000元，货物抵达我国境内之前还支付运输费、保险费等费用100 000元。企业报关后取得了海关开具的关税完税凭证。已知批货物的进口关税率为15%，增值税适用税率为17%，那么该批货物进口环节需要交纳多少增值税？

组成计税价格=关税完税价格+关税+消费税

=500 000+100 000+（500 000+100 000）×15%=690 000（元）

应纳税额=690 000×17%=117 300（元）

十七、出口货物退（免）税的计算

【例2-19】某企业为增值税一般纳税人，属于自营出口的生产型企业，1月份经营情况为：购进一批甲材料，增值税专用发票上注明甲材料的价款为900 000元；已知外购货物准予抵扣的进项税额中通过认证的金额为153 000元，上月末留抵税款为13 500元；本月内销货物取得不含税销售收入450 000元，出口货物取得销售收入900 000元。已知出口货物增值税税率为17%，退税税率为13%。该企业1月份“免、抵、退”税额是多少？

1月份不得免征和抵扣的税额=900 000×（17%－13%）=36 000（元）

1月份应纳税额=450 000×17%－（153 000－36 000）－13 500=－54 000（元）

1月份出口货物“免、抵、退”税额=900 000×13%=117 000（元）

根据规定，销项金额×税率≥未抵扣完的进项税额

应退税款=未抵扣完的进项税额=54 000（元）

因此，1月份免抵税额=117 000－54 000=63 000（元）

【例2-20】甲公司是一家进出口品公司，1月份购进一批布料加工成服装出口，购进这批布料取得增值主税专用发票，上面注明布的价款为50 000元（退税率为13%）；服装加工完成后，支付加工费6 000元（退税率为17%）。1月分甲公司退税额为多少？

应退税额=50 000×13%+6 000×17%=7 520（元）

根据我国出口退税政策的相关规定：

（1）外贸企业以及实行外贸企业财务制度的工贸企业收购货物出口的，其退税额的计算公式为：

应退税额＝外贸收购不含增值税购进金额×退税率

（2）外贸企业收购小规模纳税人出口货物增值税的退税规定：

①从小规模纳税人购进持普通发票特准退税的抽纱、工艺品等12类出口货物，同样实行销售出口货物的收入免税，并退还出口货物进项税额的办法。其计算公式为：

应退税额＝含税销售额÷（1＋征收率）×6%或5%

②凡从小规模纳税人购进税务机关代开的增值税专用发票的出口货物，退税金额的计算公式如下：

应退税额＝增值税专用发票注明的金额×6%或5%

（3）外贸企业委托生产企业加工出口货物的退税规定：

外贸企业委托生产企业加工收回后报关出口的货物，按购进国内原辅材料的增值税专用发票上注明的进项税额，依原辅材料的退税率计算原辅材料应退税额；支付的加工费，凭受托方开具货物的退税率，计算加工费的应退税额。

第三章

特定消费品计税要注意

——消费税实务

第一节 消费税基础知识

消费税是以特定消费品为课税对象所征收的一种流转税。

一、消费税的纳税义务人

根据《消费税暂行条例》的规定，在我国境内生产、委托加工和进口应税消费品（应当交纳消费税的消费品）的企业、行政单位、事业单位、军事单位、社会团体、其他单位和个体工商户及其他个人都是消费税的纳税义务人。

二、消费税税目税率表

消费税税目税率表如表3-1所示。

表3-1　消费税税目税率表

税　目	税　率	备　注
一、烟		
1. 卷烟		
甲类卷烟	56%的从价税+0.003元/支的从量税	每标准条（200支）对外调拨价格在70元（不含增值税）以上的为甲类卷烟
乙类卷烟	36%从价税+0.003元/支的从量税	每标准条（200支）对外调拨价格在70元（不含增值税）以下的为乙类卷烟
2. 雪茄烟	36%	
3. 烟丝	30%	
二、酒及酒精		
1. 白酒	从价税率20%+1元/公斤的从量税	
2. 黄酒	240元/吨	
3. 啤酒		

续　表

甲类啤酒	250元/吨	每吨出厂价(含包装物及包装物押金)在3000元(含3000元，不含增值税)以上的
乙类啤酒	220元/吨	每吨出厂价(含包装物及包装物押金)在3000元以下的
4. 其他酒	10%	除粮食白酒、薯类白酒、黄酒、啤酒以外，酒度在1度以上的各种酒
5. 酒精	5%	
三、化妆品	30%	日常生活中用于修饰、美化人体表面的用品，如口红、指甲油、胭脂、眉笔、眼睫毛及成套化妆品等
四、贵重首饰及珠宝玉石		
1. 金银首饰、铂金首饰和钻石及钻石饰品	5%	
2. 其他贵重首饰和珠宝玉石	10%	
五、鞭炮、焰火	15%	
六、成品油		
1. 汽油		
含铅汽油	0.28元/升	
无铅汽油	0.20元/升	
2. 柴油	0.10元/升	
3. 航空煤油	0.10元/升	
4. 石脑油	0.20元/升	
5. 溶剂油	0.20元/升	
6. 润滑油	0.20元/升	
7. 燃料油	0.10元/升	
七、汽车轮胎	3%	
八、摩托车		
1. 气缸容量在250毫升（含250毫升）以下的	3%	
2. 气缸容量在250毫升以上的	10%	
九、小汽车		
1. 乘用车		
气缸容量（排气量，下同）在1.0升（含1.0升）以下的	1%	

续 表

气缸容量在1.0升以上至1.5升（含1.5升）的	3%	
气缸容量在1.5升以上至2.0升（含2.0升）的	5%	
气缸容量在2.0升以上至2.5升（含2.5升）的	9%	
气缸容量在2.5升以上至3.0升（含3.0升）的	12%	
气缸容量在3.0升以上至4.0升（含4.0升）的	25%	
气缸容量在4.0升以上的	40%	
2. 中轻型商用客车	5%	
十、高尔夫球及球具	10%	
十一、高档手表（不含税售价在一万元以上）	20%	
十二、游艇	10%	
十三、木制一次性筷子	5%	
十四、实木地板	5%	

三、消费税应纳税额的计算方法

实际工作中，消费税的计算方法一般包含从价定率、从量定额、从价定率和从量定额复合计税三种方法。应税消费品到底采用哪一种方法计算消费税，从消费税税目税率中可以看得出。

（一）采用从价定率的方法计算消费税

采用从价定率的方法计算消费税的，消税费应纳税额的计算公式为：

应纳税额 = 销售额 × 比例税率

销售额为纳税人销售应税消费品向购买方收取的全部价款和价外费用。价外费用是指向买方收取的以下各项费用，如图3-1所示。

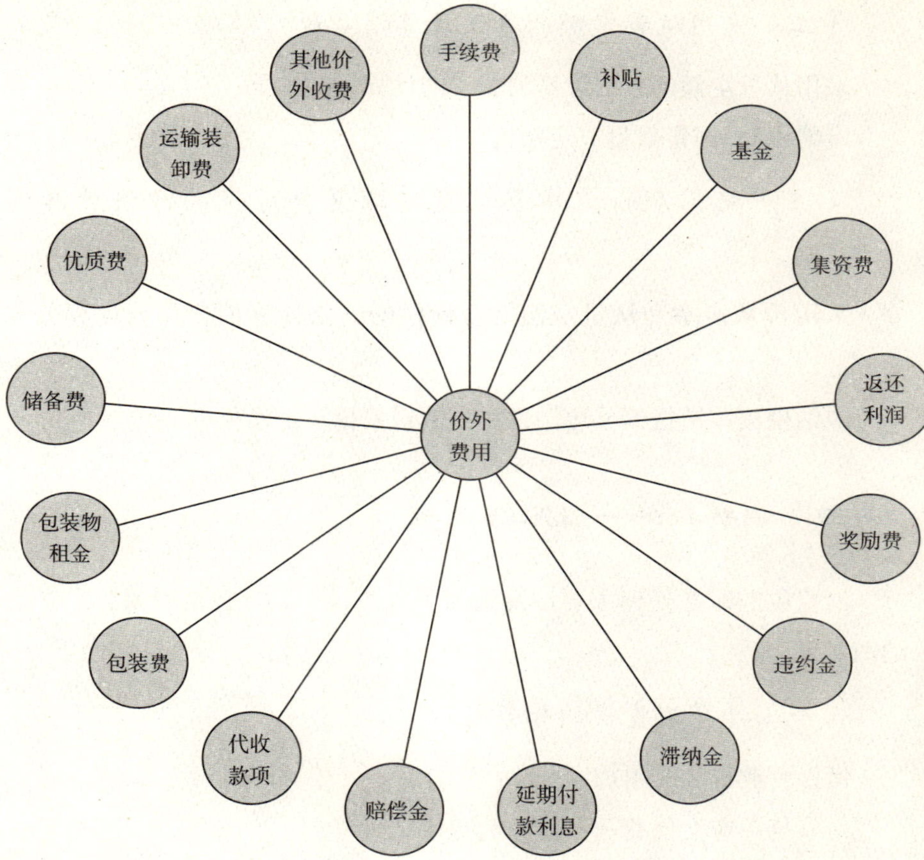

图3-1　价外费用包含的内容

但价外费用不包括下列项目在内，如表3-2所示。

表3-2　价外费用不包括的项目

价外费用不包括的项目	同时符合以下条件的代垫运输费用	承运部门的运输费用发票开具给购买方的
		纳税人将该项发票转交给购买方的
	同时符合以下条件代为收取的政府性基金或者行政事业性收费	由国务院或者财政部批准设立的政府性基金，由国务院或者省级人民政府及其财政、价格主管部门批准设立的行政事业性收费
		收取时开具省级以上财政部门印制的财政票据
		所收款项全额上缴财政

（二）采用从量定额的方法计算消费税

采用从量定额的方法计算消费税的计算公式如下：

应纳税额=销售数量×定额税率

（三）采用从价定率和从量定额复合计税的方法计算消费税

采用价从定率和从量定额复合计税的方法计算消费税的计算公式如下：

应纳税额=销售额×比例税率+销售数量×定额税率

四、消费税的一般账务处理

消费税的账务处理主要涉及到两个方面，一是计提消费税，二是交纳消费税。

（一）计提消费税的账务处理

借：营业税金及附加

　　贷：应交税费——应交消费税

（二）交纳消费税的账务处理

借：应交税费——应交消费税

　　贷：银行存款

五、消费税纳税义务发生时间

根据《消费税暂行条例实施细则》的规定，消费税纳税义务发生时间的确定方法如表3-3所示。

表3-3　消费税纳税义务发生时间的确定

销售方式	纳税义务发生时间
在赊销和分期收款结算方式下，合同有约定收款日期的	合同约定的收款日期的当日

续　表

在赊销和分期收款结算方式下，合同没有约定收款日期或没有签订合同的	发出应税消费品的当日
在预收货款结算方式下	发出应税消费品的当日
托收承付和委托银行收款方式下	发出应税消费品并办妥托收手续的当日
其他结算方式下	收讫销售款或者取得索取销售款凭据的当日
自产自用应税消费品的	应税消费品移送的当日
委托加工应税消费品的	提货的当日
进口应税消费品的	报关进口的当日

六、消费税的纳税申报及其税款缴纳的规定

（一）消费税的纳税申报地点

（1）纳税人销售的应税消费品，以及自产自用的应税消费品，除国务院财政、税务主管部门另有规定外，应当向纳税人机构所在地或者居住地的主管税务机关申报纳税。

（2）委托加工的应税消费品，除受托方为个人外，由受托方向机构所在地或者居住地的主管税务机关解缴消费税税款。

（3）进口的应税消费品，应当向报关地海关申报纳税。

（二）消费税的纳税申报期限

消费税的纳税期限分别为1日、3日、5日、10日、15日、1个月或者1个季度。纳税人的具体纳税期限，由主管税务机关根据纳税人应纳税额的大小分别核定；不能按照固定期限纳税的，可以按次纳税。

消费税纳税申报表的格式如表3–4所示。

表3-4 消费纳税申报表的格式

消费税纳税申报表

税款所属时期：　　年　月　日至　　年　月　日　　填表日期：　　年　月　日

纳税人识别号：□□□□□□□□□□□□□□□　　金额单位：元（列至角分）

应税消费品名称	适用税目	应税销售额（数量）	适用税率（单位税额）	当期准予扣除外购应税消费品买价				外购应税消费品适用税率
				合计	期初库存外购应税消费品买价	当期购进外购应税消费品买价	期末库存外购应税消费品买价	
1	2	3	4	5=6+7−8	6	7	8	9
合计								

应纳消费税		当期准予扣除外购应税消费品已纳税款	当期准予扣除委托加工应税消费品已纳税款			
本期	累计		合计	期初库存委托加工应税消费品已纳税款	当期收回委托加工应税消费品已纳税款	期末库存委托加工应税消费品已纳税款
15=3×4−10或3×4−11或3×4−10−11	16	10=5×9	11=12+13−14	12	13	14

已纳消费税		本期应补（退）税金额			
本期	累计	合计	上期结算税金额	补交本年度欠税	补交以前年度欠税
17	18	19=15−17+20+21+22	20	21	22

截止上年底累计欠税款	本年度新增欠税额	
	本期	累计
23	24	25
减免税额	预缴税额	多缴税额

如纳税人填报，由纳税人填写以下各栏		如委托代理人填报，由代理人填写以下各栏				备注
会计主管（签章）	纳税人（公章）	代理人名称		代理人（公章）		
		代理人地址				
		经办人		电话		

以下由税务机关填写			
收到申报表日期		接收人	

第一联申报联

（三）消费税税款的缴纳期限

（1）纳税人以1个月或者1个季度为1个纳税期的，自期满之日起15日内申报纳税。

（2）以1日、3日、5日、10日或者15日为1个纳税期的，自期满之日起5日内预缴税款，于次月1日起15日内申报纳税并结清上月应纳税款。

（3）纳税人进口应税消费品，应当自海关填发海关进口消费税专用缴款书之日起15日内缴纳税款。

第二节　消费税的计算

一、从价定率计算消费税实务

【例3-1】A企业是一家化妆品生产企业，企业属于增值税一般纳税人，1月份共开出增值税专用发票8张，发票上记载化妆品的货款为500 000元，增值税额为85 000元；1月份销售化妆品，开具普通发票，取得含税收93 600元。A企业1月份需要缴纳多少消费税？

化妆品销售额=500 000+93 600÷（1+17%）=580 000（元）

应缴纳消费税额=580 000×30%=174 000（元）

【例3-2】B企业是一家木制筷子加工厂，属于小规模纳税人，1月销售木制筷子共取得267 800元收入。已知小规模纳税人增值税征收率为3%，B企业1月份需要缴纳多少消费税？

应缴纳消费税额=267 800÷（1+3%）×5%=13 000（元）

需要注意的是，如果应税消费品的销售额含有增值税税额或者因不得开具增值税专用发票而发生价款和增值税税额合并收取的，销售额应当换算为不含增值税的销售额。换算公式如下：

应税消费品的销售额 = 含增值税的销售额 ÷（1 + 增值税税率或者征收率）

二、从量定额计算消费税实务

【例3-3】 C炼油厂1月份销售含铅汽油58 000升，不含铅汽油42 000升。C炼油厂1月份需要缴纳多少消费税？

应缴纳消费税额=58 000×0.28+42 000×0.20=24 640（元）

【例3-4】 D啤酒厂1月份销售啤酒情况如下：出厂价格2 900元/吨的啤酒销售了600吨；出厂价格3 100元/吨的啤酒销售了400吨。D啤酒厂1月销售的啤酒需要缴纳多少消费税？

应纳税额=600×220+400×250=232 000（元）

三、从价定率和从量定额复合计税实务

当前，只有卷烟、白酒采用复合计税方法。

【例3-5】E卷烟厂1月份销售卷烟情况为：65元/条的香烟销售了6 000条；80元/条的香烟销售了4 000条。每条中装有200支香烟，E卷烟厂1月份销售的香烟需要交纳多少消费税？

应纳税额=6 000×65×36%+6 000×200×0.003+4 000×80×56%+4 000×200×0.003=325 600（元）

【例3-6】F酒厂1月份销售粮食白酒30吨，单价为6 000元/吨（不含税价）；销售薯类白酒10吨，单价为4 500元/吨（不含税价）。F酒厂1月份销售的白酒需要交纳多少消费税？

应纳税额=30×6 000×20%+30×1 000×1+10×4 500×20%+10×1 000×1=85 000（元）

四、应税消费品销售时，包装物消费税处理实务

【例3-7】 A企业是一家化妆品生产企业，2月销售成套化妆品，取得不含税销售收入38 000元，销售收入中包含化妆品包装物成本3 000元，包装物随同化妆品一同销售，不单独计价。2月份A企业销售的成套

化妆品需要交纳多少消费税？

应纳税额=38 000×30%=11 400（元）

根据税法的相关规定，包装物连同应税消费品一起出售的，不管包装物是否单独计价，也不管会计上如何核算，都应并入应税消费品的销售额中缴纳消费税。

【例3-8】G企业1月份销售给A公司某型号的汽车轮胎1 500个，该型号的汽车轮胎售价为450元/个（不含税价），并向对方收取包装轮胎用的包装物押金3 000元。G企业销售该批轮胎需要交纳多少消费税？

应纳税额=1 500×450×3%=20 250（元）

根据税法的相关规定，包装物不作价随同产品销售，而是收取押金，收取的押金额不并入销售额中计算消费税。但对逾期未收回的包装物不再退还的或者已收取的时间超过12个月的押金，应并入应税消费品的销售额计算缴纳消费税。既作价随同应税消费品销售，又另外收取押金的包装物的押金，凡纳税人在规定的期限内没有退还的，均应并入应税消费品的销售额，按照应税消费品的适用税率缴纳消费税。

五、酒类产品包装物押金的处理实务

【例3-9】某酒厂1月份酒类销售业务如下：销售白酒10 000公斤，取得不含税收入80 000元，并收取包装物押金5 967元；销售甲类啤酒1 000吨，每吨售价为3 200元，收取啤酒包装物押金3 000元。该酒厂1月份应交纳多少消费税？

销售白酒应纳税额=80 000×20%+10 000×1=26 000（元）

销售啤酒应纳税额=1 000×250=250 000（元）

酒厂1月份应纳税额=26 000+250 000=276 000（元）

根据税法的相关规定，纳税人销售除啤酒、黄酒以外的其他酒类产品而收取的包装物押金，不管押金是否返还、也不管会计上如何核算，押金都应并入销售额中计算交纳消费税；销售啤酒、黄酒所收取的押金，单独记账核算的，不并入销售额中计算交纳消费税，但对因逾期未收回包装物而不再退还押金，则应并入销售额中计算交纳消费税额。

六、外购与委托加工应税消费品已纳税款扣除的消费税的计算

根据税法的规定，委托加工应税消费品是指由委托方提供原料和主要材料，受托方只收取加工费和代垫部分辅助材料加工的应税消费品。

根据《消费税暂行条例》的相关规定，委托加工应税消费品消费税的计算方法有以下两种。

（1）按照受托方的同类消费品的销售价格计算纳税。

（2）没有同类消费品销售价格的，按照组成计税价格计算纳税，实际工作中，可分为以下两种情况。

第一种情况，实行从价定率办法计算纳税的组成计税价格计算公式：

组成计税价格 =（材料成本 + 加工费）÷（1 – 比例税率）

第二种情况，实行复合计税办法计算纳税的组成计税价格计算公式：

组成计税价格 =（材料成本 + 加工费 + 委托加工数量 × 定额税率）÷（1 – 比例税率）

【例3–10】E卷烟厂2月份委托外单位加工一批烟丝，发出的烟叶成本为30 000元。加工完成后，支付加工单位加工费及其代垫部分辅助材料款5 000元。E卷烟厂2月份没有销售烟丝的价格。委托加工的烟丝需要代扣代缴的消费税是多少?

组成计税价格=（30 000+5 000）÷（1 – 30%）=50 000（元）

应纳税额=50 000 × 30%=15 000（元）

【例3–11】某卷烟厂1月份委托外单位加工烟丝，卷烟厂再利用烟

丝再加工成卷烟。已知1月份期初库存烟丝额为3 000元，本期收回烟丝30 000元，期末库存烟丝2 000元。当月销售卷烟2 000条，每条售价为60元。

1月准予扣除的烟丝金额=3 000+30 000－2 000=31 000（元）

1月准予扣除的收回烟丝已纳消费税=31 000×30%=9 300（元）

1月销售卷烟应纳消费税额=2 000×60×36%+2 000×200×0.003－9 300=35 100（元）

委托加工的应税消费品，委托方用于连续生产应税消费品的，所纳税款准予按规定抵扣。根据国家税务总局关于《财政部、国家税务总局关于调整和完善消费税政策的通知》等相关文件，具体准予抵扣的项目如表3-5所示。

表3-5　准予从消费税应纳税额中扣除原料已纳消费税税款的项目

准予从消费税应纳税额中扣除原料已纳的消费税税款的项目	外购或委托加工收回的已税烟丝生产的卷烟
	外购或委托加工收回的已税化妆品为原料生产的化妆品
	外购或委托加工收回的已税珠宝玉石生产的贵重首饰及珠宝玉石
	外购或委托加工收回的已税鞭炮焰火生产的鞭炮焰火
	外购或委托加工收回的汽车轮胎（内胎或外胎）生产的汽车轮胎
	外购或委托加工收回的已税摩托车生产的摩托车
	外购已税啤酒液连续灌装生产的啤酒（仅限啤酒生产集团内部）
	外购或委托加工收回的已税杆头、杆身和握把为原料生产的高尔夫球杆
	外购或委托加工收回的已税木制一次性筷子为原料生产的木制一次性筷子
	外购或委托加工收回的已税实木地板为原料生产的实木地板
	外购或委托加工收回的已税石脑油为原料生产的应税消费税
	外购或委托加工收回的已税润滑油为原料生产的润滑油

七、自产自用应税消费品消费税的计算

自产自用应税消费品是指纳税人生产应税消费品后不是用于直接对外销售，而是用于连续生产应税消费品或其他方面。根据税法的规定，用于连续生产的自产自用应税消费品不征收消费税，用于其他方面的则

需要交纳消费税。

自产自用应税消费品计税价格的确定方法如下。

首先，按当月同类消费品的销售价格计算交纳消费税。

其次，当月没有销售价格的，按同类应税消费品的上月或最近月份的销售价格计算交纳消费税。

最后，在没有同类消费品价格的情况下，按组成计税价格计算交纳消费税。组成计税价格计算方法为：组成计税价格=（应税消费品生产成本+利润）÷（1－消费税税率）

【例3-12】A化妆品企业，3月份发生了如下业务：加工一批产品用作广告样品，样品的生产成本为5 000元，其成本利润率为5%；将2箱化妆品作为“三八”妇女节的福利发给本厂女职工，该类化妆品的市场售价为2 000元（不含税价）。那么A企业3月应交纳多少消费税？

广告样品组成计税价格=（5 000+5 000×5%）÷（1－30%）=7 500（元）

应纳税额=（7 500+2 000）×30%=2 850（元）

八、兼营不同应税消费品的消费税的计算

兼营是指纳税人同时经营多种不同税率的应税消费品。根据《消费税暂行条例》的相关规定，纳税人兼营不同税率的应税消费品，应当分别核算不同税率应税消费品的销售额、销售数量；未分别核算销售额、销售数量，或者将不同税率的应税消费品组成成套消费品销售的，从高适用税率。

【例3-13】某酒厂3月份销售白酒80 000公斤，每公斤不含税售价为6元；销售药酒800公斤，取得不含税收入1 600元。该酒厂没有分开核算两种酒的销售收入及成本，该酒厂3月份应交纳多少消费税？

应纳税额=80 000×6×20%+80 000×1+1 600×20%+800×1=177 120（元）

假设该酒厂分开核算了两种酒销售额和销售数量，则3月份应交纳的消费税为：

应纳税额=80 000×6×20%+80 000×1+1 600×10%=176 160（元）

【例3-14】某酒厂4月份销售礼品盒5 000套，每套售价为500元。已知每套礼品盒里装有雪茄烟和烟丝，销售5 000套的礼品盒应交多少消费税？

应纳税额=5 000×500×36%=900 000（元）

虽然雪茄烟的消费税税率为36%，烟丝的消费税税率为30%，但两者组成的成套消费品应采用从高适用税率。

九、进口应税消费品的消费税的计算

根据《消费税暂行条例》的相关规定，进口的应税消费品，按照组成计税价格来计算交纳消费税，其税目、税率依照本章表3-1 消费税税目税率表来执行。

进口应税消费品消费税的具体计算方法如表3-6所示。

表3-6　进口应税消费品消费税的计算

从价定率方法计算消费税的	组成计税价格 =（关税完税价格 + 关税）÷（1 - 消费税比例税率） 应纳税额=组成计税价格×消费税税率	注：进口货物的完税价格，包括货物的货价、货物运抵中华人民共和国境内输入地点起卸前的运输及其相关费用、保险费
从量定额方法计算消费税的	应纳税额=进品的应税费品数量×定额税率	
复合计税方法计算消费税的	应纳税额=组成计税价格×消费税税率+进品的应税费品数量×定额税率	

【例3-15】甲公司1月份从国外进口了一批化妆品，该批化妆品的货价为200 000元，到达我国境内前的运输费用为30 000元、保险费用为20 000元。已知该化妆品的关税税率为15%。甲公司进口此批化妆品需要交纳多少消费税？

关税完税价格=200 000+30 000+20 000=250 000（元）

关税=250 000×15%=37 500（元）

组成计税价格=250 000+37 500=287 500（元）

消费税应纳税额=287 500×30%=86 250（元）

十、出口应税消费品的退税的计算

根据《消费税暂行条例》的规定，对纳税人出口应税消费品，免征消费税。因此，能享受出品应税消费品退税政策的企业，出口了应税消费品的就可以办理退税，退还消费税的金额按应税消费品所适用的消费税税率计算。

在实际退税业务中，消费税退税金额的计算方法有以下两种：

第一种：从价定率计征消费税的应税消费品，其退税额的计算公式为：

应退消费税税额=企业购进应税消费品时计算消费税的价格×消费税税率

第二种：从量定额计片消费税的应税消费品，其退税额的计算公式为：

应退消费税税额=出口数量×定额税率

【例3-16】甲企业是一家外贸进出口企业，1月份从化妆品厂购进一批化妆品用于出口并，共购进化妆品5 000件，每件的单价为100元。这批化妆品能退多少消费税税额？

应退消费税额=5 000×100×30%=150 000（元）

第四章

营业收入计税各不同

——营业税实务

第一节 营业税基础知识

营业税是对在我国境内提供应税劳务、转让无形资产或者销售不动产的行为为课税对象征收的一种税。

一、营业税的纳税义务人

在我国境内有偿提供应税劳务（属于交通运输业、建筑业、金融保险业、邮电通信业、文化体育业、娱乐业、服务业税目征收范围的劳务，但不包括单位或者个体工商户聘用的员工为本单位或者雇主提供的劳务）、转让无形资产或者销售不动产的单位和个人为营业税的纳税义务人。

我国境外的单位或者个人在境内提供应税劳务、转让无形资产或者销售不动产，在境内未设有经营机构的，以其境内代理人为扣缴义务人；在境内没有代理人的，以受让方或者购买方为扣缴义务人。

二、营业税税目税率表

根据国家税务总局关于印发《营业税税目注释（试行稿）》的通知及《营业税暂行条例》的规定，现行营业税税目税率表的具体情况可归纳如表4-1所示。

表4-1 营业税税目税率表

税目	税率	具体业务的征收范围
一、交通运输业	3%	1. 陆路运输：通过铁路、公路、缆车、索道及其他陆路运送货物或旅客的运输业务
		2. 水路运输：通过江、河、湖、川等天然、人工水道或海洋航道运送货物或旅客的运输业务
		3. 航空运输：通过空中航线运送货物或旅客的运输业务
		4. 管道运输：通过管道设施输送气体、液体、固体物资的运输业务
		5. 装卸搬运：使用装卸搬运工具或人力、畜力将货物在运输工具之间、装卸现场之间或运输工具之间与装卸现场之间进行装卸和搬运的业务
二、建筑业	3%	1. 建筑：新建、改建、扩建各种建筑物、构筑物的工程作业，包括与建筑物相连的各种设备或支柱、操作平台的安装或装设工程作业，以及各种窑炉和金属结构工程作业在内
		2. 安装：生产设备、动力设备、起重设备、运输设备、传动设备、医疗实验设备及其他各种设备的装配作业、安置工程作业（包括与设备相连的工作台、梯子、栏杆的装设工程作业和被安装设备的绝缘、防腐、保温、油漆等工程作业）、有线电视安装费
		3. 修缮：对建筑物、构筑物、进行修补、加固、养护、改善，使之恢复原来的使用价值或延长其使用期限的工程作业
		4. 装饰：对建筑物、构筑物进行修饰，使之美观或有特定用途的工程作业
		5. 其他工程作业：代办电信工程、水利工程、道路修建工程、钻井工程、平整土地、搭脚手架、疏浚工程、爆破工程、拆除建筑物或构筑物工程、绿化工程等工程作业
三、金融保险业	5%	1. 金融：经营货币资金融通活动的业务，包括贷款、融资租赁、金融商品转让、金融经纪业和其他金融业务
		2. 保险业：通过契约形式集中起来的资金，用以补偿被保险人的经济利益的业务，如人身保险业务和责任保险业务
四、邮电通信业	3%	1. 邮政：传递实物信息的业务，包括传递函件或包件、邮汇、报刊发行、邮务物品销售、邮政储蓄及其他邮政业务
		2. 电信：用各种电传设备传输电信号来传递信息的业务，包括电报、电传、电话、电话机安装、电信物品销售及其他电信业务

续 表

五、文化体育业	3%	1. 表演：单位和个人进行戏剧、歌舞、时装、健美、杂技、民间艺术、武术体育等表演活动的业务
		2. 播映：通过电台、电视台、音响系统、闭路电视、卫星通讯等无线或有线装置传播作品以及在电影院、影剧院、录像厅及其他场所放映各种节目的业务，不包括广告的播映业务
		3. 其他文化业：各种展览、培训活动、举办文学、艺术、科技、讲座、演讲、报告会、图书馆的图书和资料借阅等业务
		4. 经营游览场所：公园、动（植）物园及其他各种游览场所销售门票的业务
		5. 体育业：单位和个人为举办体育比赛或体育活动提供场所的业务
六、娱乐业	5%	1. 台球、保龄球业务
	20%	2. 夜总会、歌厅、舞厅、射击、狩猎、跑马、高尔夫球、游艺、电子游戏厅等娱乐性行业
七、服务业	5%	1. 代理业：代购代销货物、代办进出口、介绍服务、其他代理服务的业务
		2. 旅店业：提供住宿服务的业务
		3. 饮食业：通过同时提供饮食和饮食场所的方式为顾客提供饮食消费服务的业务
		4. 旅游业：为旅游者安排食宿、交通工具和提供导游等旅游服务的业务
		5. 仓储业：利用仓库、货物或其他场所代客贮放、保管货物的业务
		6. 租赁业：在约定的时间内将场地、房屋、物品、设备或设施等转让他人使用的业务。将承租的场地、物品、设备等再转租给他人的行为，按"租赁"征税
		7. 广告业务：利用图书、报纸、杂志、广播、电视、电影、幻灯、路牌、招贴、橱窗、霓虹灯、灯箱等形式为介绍商品、经营服务项目、文体节目或通告、声明等事项进行宣传和提供相关服务的业务
		8. 其他服务业：沐浴、理发、洗染、照相、美术、裱画、誊写、打字、镌刻、计算、测试、装潢、打包、设计、制图、咨询、试验、化验、晒图、测绘、勘探等服务性业务

续　表

八、转让无形资产	5%	1. 转让土地使用权：单位和个人转让其受让的土地使用权行为、单位和个人转让已完成土地前期开发或正在进行土地前期开发，但未进入施工阶段的在建项目
		2. 转让专利权：转让专利技术的所有权或使用权的行为
		3. 转让非专利技术：转让非专利技术的所有权或使用权的行为
		4. 转让商标权：转让商标的所有权或使用权的行为
		5. 转让著作权：转让文字著作、图形著作、音像著作的所有权或使用权的行为
		6. 转让商誉：转让商誉的使用权的行为
九、销售不动产	5%	1. 销售建筑物或构筑物：有偿转让建筑物或构筑物的所有权的行为；以转让有限产权或永久使用权方式销售建筑物，视同销售建筑物
		2. 销售其他土地附着物：有偿转让其他土地附着物的所有权的行为

三、营业税应纳税额的计算方法

营业税是按照营业额和相应的适用税率来计算的，计算公式为：

应纳税额=营业额×适用税率

四、免征营业税的项目

根据《营业税暂行条例》的规定，下列项目可以免征营业税。

（1）托儿所、幼儿园、养老院、残疾人福利机构提供的育养服务，婚姻介绍，殡葬服务；

（2）残疾人员个人提供的劳务；

（3）医院、诊所和其他医疗机构提供的医疗服务；

（4）学校和其他教育机构提供的教育劳务，学生勤工俭学提供的劳务；

（5）农业机耕、排灌、病虫害防治、植物保护、农牧保险以及相关技术培训业务，家禽、牲畜、水生动物的配种和疾病防治；

（6）纪念馆、博物馆、文化馆、文物保护单位管理机构、美术馆、展览馆、书画院、图书馆举办文化活动的门票收入，宗教场所举办文化、宗教活动的门票收入；

（7）境内保险机构为出口货物提供的保险产品；

（8）纳税人营业额未达到国务院财政、税务主管部门规定的营业税起征点的，免征营业税。营业税起征点的适用范围限于个人，具体起征点为：按期纳税的，为月营业额5000~20000元；按次纳税的，为每次（日）营业额300~500元。

五、营业税的一般账务处理

营业税的账务处理主要涉及到两个方面，一是计提营业税，二是交纳营业税。

（1）计提营业税的账务处理。

借：营业税金及附加

　　贷：应交税费——应交营业税

（2）交纳营业税的账务处理。

借：应交税费——应交营业税

　　贷：银行存款

六、营业税纳税义务发生时间

营业税纳税义务发生时间为纳税人提供应税劳务、转让无形资产或者销售不动产并收讫营业收入款项或者取得索取营业收入款项凭据的当天。

营业税扣缴义务发生时间为纳税人营业税纳税义务发生的当天。

七、营业税的纳税申报及其税款缴纳的规定

（一）营业税纳税地点

（1）纳税人提供应税劳务应当向其机构所在地或者居住地的主管税务机关申报纳税。但是，纳税人提供的建筑业劳务以及国务院财政、税务主管部门规定的其他应税劳务，应当向应税劳务发生地的主管税务机关申报纳税。

（2）纳税人转让无形资产应当向其机构所在地或者居住地的主管税务机关申报纳税。但是，纳税人转让、出租土地使用权，应当向土地所在地的主管税务机关申报纳税。

（3）纳税人销售、出租不动产应当向不动产所在地的主管税务机关申报纳税。

（4）扣缴义务人应当向其机构所在地或者居住地的主管税务机关申报缴纳其扣缴的税款。

（二）营业税纳税申报期限

营业税的纳税期限分别为5日、10日、15日、1个月或者1个季度。纳税人的具体纳税期限，由主管税务机关根据纳税人应纳税额的大小分别核定；不能按照固定期限纳税的，可以按次纳税。

营业税纳税申报表的格式如下。

（1）查账征收纳税人适用的纳税申报表如表4-2所示。

表4-2 查账征收纳税人适用的纳税申报表

营业税纳税申报表

（适用于查账征收的营业税纳税人）

纳税人识别号:

纳税人名称（公章）:

税款所属时间：自　年　月　日至　年　月　日　　　　填表日期：　年　月　日

税目	营业额				税率（%）	本期税款计算			税款缴纳								
											本期已缴税额				本期应缴税额计算		
	应税收入	应税减除项目金额	应税营业额	免税收入		小计	本期应纳税额	免（减）税额	期初欠缴税额	前期多缴税额	小计	已缴本期应纳税额	本期已被扣缴税额	本期已缴欠缴税额	小计	本期期末应缴税额	本期期末应缴欠缴税额
1	2	3	4=2-3	5	6	7=8+9	8=（4-5）×7	9=5×7	10	11	12=13+14+15	13	14	15	16=17+18	17=8-13-114	18=10-11-15
交通运输业																	
建筑业																	
邮电通讯业																	

续 表

服务业																	
娱乐业																	
金融保险业																	
文化体育业																	
销售不动产																	
转让无形资产																	
合 计																	
代扣代缴项目																	
总 计																	

<table>
<tr><td rowspan="4">纳税人或代理人声明：
此纳税申报表是根据国家税收法律的规定填报的，我确定它是真实的、可靠的、完整的。</td><td colspan="8">如纳税人填报，由纳税人填写以下各栏</td></tr>
<tr><td>办税人员（签章）</td><td></td><td>财务负责人（签章）</td><td></td><td>法定代表人（签章）</td><td></td><td>联系电话</td><td></td></tr>
<tr><td colspan="8">如委托代理人填报，由代理人填写以下各栏</td></tr>
<tr><td>代理人名称</td><td></td><td>经办人（签章）</td><td></td><td>联系电话</td><td></td><td>代理人（公章）</td><td></td></tr>
</table>

续　表

以下由税务机关填写：		
受理人：	受理日期：　年　月　日	受理税务机关（签章）：

（2）金融保险营业税纳税申报表如表4-3所示。

表4-3　金融保险营业税纳税申报表

金融保险营业税纳税申报表

纳税人识别号　　　　填表日期：　年　月　日　　　　金额单位：元（列至角分）

纳税人名称								税款所属时间：自　年　月　日至　年　月　日			
经营项目	营业额						税率	本期			
	应税全部收入	应税减除项目额	应税营业额	免税全部收入	免税减除项目额	免税营业额		应纳税额	免(减)税额	已纳税额	应补(退)税额
1	2	3	4=2-3	5	6	7=5-6	8	9=4*8	10=7*8	11	12=9-11
一般贷款											

续　表

外汇转贷											
融资租赁											
买卖股票											
买卖债券											
买卖外汇											
买卖其他金融商品											
金融经纪业务和其他金融业务											
保险业务											
储金业务											
其他											
以上合计											
代扣代缴税款											
金融机构往来收入											
投资损益											

<table>
<tr><td colspan="2">如纳税人填报，由纳税人填写以下各栏</td><td colspan="5">如委托代理人填报，由代理人填写以下各栏</td><td>备注</td></tr>
<tr><td rowspan="3">会计主管：
（签章）</td><td rowspan="3">法人代表或单位负责人：
（签章）</td><td>代理人名称</td><td colspan="3"></td><td rowspan="3">代理人
(签章)</td><td rowspan="3"></td></tr>
<tr><td>代理人地址</td><td colspan="3"></td></tr>
<tr><td>经办人</td><td></td><td>电话</td><td></td></tr>
<tr><td colspan="8">以下由税务机关填写</td></tr>
<tr><td>收到申报表日期</td><td colspan="3"></td><td>接收人</td><td colspan="3"></td></tr>
</table>

（3）交通运输业营业税纳税申报表如表4-4所示。

表4-4　交通运输业营业税纳税申报表

交通运输业营业税纳税申报表

纳税人识别号：

纳税人名称：（公章）

税款所属时间：自　　年　　月　　日至　年　　月　日　　　　　　填表日期：　　　年　　　月　日　金额单位：元（列至角分）

<table>
<tr><td rowspan="3">应税项目</td><td colspan="6">营业额</td><td rowspan="3">税率（%）</td><td colspan="3">本期税款计算</td><td colspan="8">税款缴纳</td></tr>
<tr><td rowspan="2">应税收入</td><td colspan="3">应税减除项目金额</td><td rowspan="2">应税营业额</td><td rowspan="2">免税收入</td><td rowspan="2">小计</td><td rowspan="2">本期应纳税额</td><td rowspan="2">免（减）税额</td><td rowspan="2">期初欠缴税额</td><td rowspan="2">前期多缴税额</td><td colspan="3">本期已缴税额</td><td colspan="3">本期应缴税额计算</td></tr>
<tr><td>小计</td><td>支付合作运输方运费金额</td><td>其他减除项目金额</td><td>小计</td><td>已缴本期应纳税额</td><td>本期已缴欠缴税额</td><td>小计</td><td>本期期末应缴税额</td><td>本期期末应缴欠缴税额</td></tr>
<tr><td>1</td><td>2</td><td>3=4+5</td><td>4</td><td>5</td><td>6=2-3</td><td>7</td><td>8</td><td>9=10+11</td><td>10=（6-7）×8</td><td>11=7×9</td><td>12</td><td>13</td><td>14=15+16</td><td>15</td><td>16</td><td>17=18+19</td><td>18=10-15</td><td>19=12-13-16</td></tr>
<tr><td>铁路运输</td><td></td><td></td><td></td><td></td><td></td><td></td><td></td><td></td><td></td><td></td><td></td><td></td><td></td><td></td><td></td><td></td><td></td><td></td></tr>
<tr><td>其中：货运</td><td></td><td></td><td></td><td></td><td></td><td></td><td></td><td></td><td></td><td></td><td></td><td></td><td></td><td></td><td></td><td></td><td></td><td></td></tr>
</table>

续　表

客运																		
公路运输																		
其中：货运																		
客运																		
水路运输																		
其中：货运																		
客运																		
航空运输																		
其中：货运																		
客运																		
管道运输																		
装卸搬运																		
合计																		

以下由税务机关填写：

受理人：　　　受理日期：　　年　月　日　　　受理税务机关（签章）：

（4）娱乐业营业税纳税申报表如表4–5所示。

表4–5 娱乐业营业税纳税申报表

娱乐业营业税纳税申报表

纳税人识别号：

纳税人名称（公章）：　　　　　　　　　　　　　　　　　　　　金额单位：元（列至角分）

税款所属时间：自　　年　　月　　日至　　年　　月　　日　　　　填表日期：　　年　　月　　日

应税项目		营业额				税率（%）	本期税款计算			税款缴纳							
												本期已缴税额			本期应缴税额计算		
		应税收入	应税减除项目金额	应税营业额	免税收入		小计	本期应纳税额	免（减）税额	期初欠缴税额	前期多缴税额	小计	已缴本期应纳税额	本期已缴欠缴税额	小计	本期期末应缴税额	本期期末应缴欠缴税额
1		2	3	4=2–3	5	6	7=8+9	8=（4–5）×6	9=5×6	10	11	12=13+14	13	14	15=16+17	16=8–13	17=10–11–14
歌厅																	
舞厅																	
卡拉OK歌舞厅	夜总会																
	练歌房																
	恋歌房																

续 表

音乐茶座	酒吧																
高尔夫球																	
台球、保龄球																	
游艺场																	
网吧																	
其他																	
合计																	

以下由税务机关填写:

受理人:　　　　受理日期: 年 月 日　　　　受理税务机关（签章）:

（5）服务业营业税纳税申报表如表4-6所示。

表4-6　服务业营业税纳税申报表

服务业营业税纳税申报表

纳税人识别号：

纳税人名称（公章）：

税款所属时间：自　年　月　日至　年　月　日　　填表日期：　年　月　日　　金额单位：元（列至角分）

应税项目	营业额				税率(%)	本期税款计算			税款缴纳							
									期初欠缴税额	前期多缴税额	本期已缴税额			本期应缴税额计算		
	应税收入	应税减除项目金额	应税营业额	免税收入		小计	本期应纳税额	免（减）税额			小计	已缴本期应纳税额	本期已缴欠缴税额	小计	本期期末应缴税额	本期期末应缴欠缴税额
1	2	3	4=2-3	5	6	7=8+9	8=（4-5）×6	9=5×6	10	11	12=13+14	13	14	15=16+17	16=8-13	17=10-11-14
旅店业																
饮食业																
旅游业																
仓储业																
租赁业																
广告业																

续　表

代理业																
其他服务业																
合　计																

以下由税务机关填写:

受理人：　　　　　　年　　月　　日　　　　　　　　受理税务机关（签章）：

（6）建筑业营业税纳税申报表如表4-7所示。

表4-7　建筑业营业税纳税申报表

建筑业营业税纳税申报表

纳税人识别号：

纳税人名称（公章）：

税款所属时间：自　年　月　日至　年　月　日　　填表日期：　年　月　日　　金额单位：元（列至角分）

申报项目	应税项目	营业额								税率（%）	本期税款计算			税款缴纳							
		应税收入	应税减除项目金额				应税营业额	免税收入			小计	本期应纳税额	免（减）税额	期初欠缴税额	前期多缴税额	本期已缴税额				本期应缴税额计算		
			小计	支付给分(转)包人工程价款	减除设备价款	其他减除项目金额										小计	已缴本期应纳税额	本期已被扣缴税额	本期已缴欠缴税额	小计	本期期末应缴税额	本期期末应缴欠缴税额
1	2	3	4 = 5+6+7	5	6	7	11 = 12+13	9	10	11 = 12+13	12=（8-9）×10	13= 9×10	14	15	16 = 17+ 18+19	17	18	19	20 = 21 +22	21 = 12- 17-18	22 = 14- 15-19
	建筑																				

续表

本地提供建筑业应税劳务申报事项	安装																				
	修缮																				
	装饰																				
	其他工程作业																				
	自建行为																				
	合计																				
	代扣代缴项目																				
	总计																				
异地提供建筑业应税劳务申报事项	建筑																				
	安装																				
	修缮																				
	装饰																				
	其他工程作业																				
	自建行为																				

续　表

	合计																				
	代扣代缴项目																				
	总计																				

以下由税务机关填写:

受理人:　　　　受理日期:　　年　　月　　日　　　　受理税务机关（签章）:

（三）营业税税款的缴纳期限

纳税人以1个月或者1个季度为一个纳税期的，自期满之日起15日内申报纳税；以5日、10日或者15日为一个纳税期的，自期满之日起5日内预缴税款，于次月1日起15日内申报纳税并结清上月应纳税款。

第二节 营业税的计算

一、交通运输业营业税的计算

【例4-1】乙公司是一家运输公司，1月份售票收入为800 000元，从中支付给其他联运单位的金额为100 000元；从外单位取得联运收入150 000元。1月份乙公司取得的运业收入应交纳多少营业税？

乙公司1月份应纳税额=（800 000－100 000+150 000）×3%=25 500（元）

根据《营业税暂行条例》的相关规定，纳税人将承揽的运输业务分给其他单位或者个人的，以其取得的全部价款和价外费用扣除其支付给其他单位或者个人的运输费用后的余额为营业额。

二、建筑业营业税的计算

【例4-2】A建筑公司1月份与甲企业签订了办公大楼承包建筑合同，工程合同中载明建筑工程材料款为3 500 000元，工人薪酬为1 500 000元；建筑过程中，A建筑公司对外转包部分建筑项目，转包项目的价款为800 000元。A建筑公司承包的这个办公大楼建筑项目共交纳多少营业税？

应纳税额=（3 500 000+1 500 000－800 000）×3%=126 000（元）

根据《营业税暂行条例》及其《营业税暂行条例实施细则》的相关规定，纳税人提供建筑业劳务（不含装饰劳务）的，其营业额应当包括工程所用原材料、设备及其他物资和动力价款在内，但不包括建设方提供的设备价款；纳税人将建筑工程分包给其他单位的，以其取得的全部价款和价外费用扣除其支付给其他单位的分包款后的余额为营业额。

【例4-3】B企业2009年自建了十间仓库，建筑总成本为900 000元。其中六间作为企业的库房（成本为540 000元）；四间对外出租（建筑成本为360 000元），当年收租金额为48 000元。B企业2009年建筑的这十间仓库共需要交纳多少营业税？

应纳税额=48 000 × 5%=2 400（元）

根据税法的相关规定，单位或者个人新建建筑物后，用于自用的不需要交纳营业税；自建建筑物后销售的，其所发生的自建行为，视同发生应税行为，应按建筑业缴纳营业税，还需按销售不动产征收营业税；自建建筑物用于出租的，则按照租金收入缴纳5%的营业税。

三、金融保险业营业税的计算

【例4-4】甲银行1月份营业收入情况为：贷款利息收入200 000元，结算手续费收入80 000元，为相关单位代收水电费、煤气费等取得手续费收入50 000元，取得逾期贷款罚息收入5 000元。甲银行1月份应交纳多少营业税？

应纳税额=（200 000+80 000+50 000+5 000）× 5%=16 750（元）

根据《营业税暂行条例》的相关规定，纳税人的营业额为纳税人提供应税劳务、转让无形资产或者销售不动产收取的全部价款和价外费用，因此，就金融业讲其营业额主要为利息收入和金融服务性收入。

【例4-5】某金融机构于1月份购入两种有价证券，购入价分别为400 000元和600 000元，当月又分别以405 000元、605 000元的价格售出。该金融机构1月份应交纳多少营业税？

应纳税额=[（405 000+605 000）–（400 000+600 000）]× 5%=500（元）

根据《营业税暂行条例》的相关规定，外汇、有价证券、期货等金融商品买卖业务，以卖出价减去买入价后的余额为营业额计算交纳营业税。

【例4-6】丙企业是一家经国家经贸委批准的经营融资租赁业务的企业，2009年购置了一套设备用于融资租赁。该设备租赁期限为10年，租赁收入总计750 000元，已知购买该项资产取得的增值税专用发票上注明：设备款为600 000元，增值税额为102 000元，另支付设备运费3 000元。丙企业这套设备款取得的租赁收入每月需要交纳多少营业税？

应纳税额=（750 000－600 000－3 000）×5%÷10÷12=61.25（元）

根据相关规定，经中国人民银行、外经贸部和国家经贸委批准经营融资租赁业务的单位从事融资租赁业务的，以其向承租者收取的全部价款和价外费用（包括残值）减除出租方承担的出租货物的实际成本后的余额为营业额。在实际工作中，应按直线法将总营业额折算出当期的营业额，并计算交纳营业税。

四、邮电通信业营业税的计算

【例4-7】A邮政局1月份营业收入情况如下：传递各种函件和包裹取得收入150 000元，办理邮汇业务取得手续费收入50 000元，邮政储蓄业务取得收入80 000元，发行纪念邮票收入15 000元，报刊发行收入120 000元，电报、电传、长话收入25 000元。

应纳税额=（150 000+50 000+80 000+15 000+120 000+25 000）×3%=13 200（元）

根据《营业税暂行条例》的相关规定，邮电通信业的征收范围包括：邮政业、电信业以及与邮政、电信业相关的劳务，其中，邮政业包括传递函件或包件、邮汇、报刊发行、邮务物品销售、邮政储蓄及其他邮政业务；电信业包括电报、电传、电话、电话机安装、电信物品销售及其他电信业务。

五、文化体育业营业税的计算

【例4-8】某影剧院1月份取得门票收入400 000元。1月份该影剧院应交纳多少营业税？

应纳税额=400 000×3%=12 000（元）

【例4-9】某时装公司1月份取得时装表演收入800 000元，为进行时装表演支付场地租赁费100 000元。该时装公司1月份应交纳多少营业税？

应纳税额=（800 000－100 000）×3%=21 000（元）

根据相关的规定，单位或个人进行演出，以全部票价收入或者包场收入减去付给提供演出场所的单位、演出公司或者经纪人的费用后的余额为营业额。

六、娱乐业营业税的计算

【例4-10】某娱乐城1月份取得的收入情况如下：台球、保龄球业务收入240 000元；夜总会收入260 000元；高尔夫球业务收入140 000元。1月份，该娱乐城应交纳多少营业税？

应纳税额=240 000×5%+260 000×20%+140 000×20%=38 880（元）

根据《营业税暂行条例实施细则》的相关规定，娱乐业的营业额为经营娱乐业收取的全部价款和价外费用，包括门票收费、台位费、点歌费、烟酒、饮料、茶水、鲜花、小吃等收费及经营娱乐业的其他各项收费。

娱乐业的具体适用税率由各省、自治区、直辖市人民政府根据当地实际情况在税法规定的范围内制定。娱乐业是营业税中唯一使用幅度税率和唯一一个由省级政府决定税率的行业，但对于夜总会、歌厅、舞厅、射击、狩猎、跑马、高尔夫球、游艺、电子游戏厅等娱乐性行业营业税的征收率一律为20%，台球、保龄球的营业税率为5%。

七、服务业营业税的计算

【例4-11】某旅行社1月份向游客共收取旅游费880 000元，在旅游过程中共为游客支付住宿费180 000元、支付餐费120 000元、支付交通费50 000元、支付门票费200 000元，并支付其他旅游团接团费用150 000元。1月份该旅行社应交纳多少营业税？

应纳税额=（880 000－180 000－120 000－50 000－200 000－150 000）×5%=9 000（元）

根据《财政部、国家税务总局关于营业税若干政策问题的通知》，旅游企业组织旅游团在中国境内旅游的，以收取的全部旅游费减去替旅游者支付给其他单位的房费、餐费、交通、门票或支付给其他接团旅游企业的旅游费后的余额为营业额。从事广告代理业务的，以其全部收入减去支付给其他广告公司或广告发布者（包括媒体、载体）的广告发布费后的余额为营业额。从事物业管理的单位，以与物业管理有关的全部收入减去代业主支付的水、电、燃气以及代承租者支付的水、电、燃气、房屋租金的价款后的余额为营业额。

八、转让无形资产营业税的计算

【例4-12】某企业1月份销售一项专利技术，取得销售入180 000元。这项专利技术的转让需要交纳多少营业税？

应纳税额=180 000×5%=9 000（元）

九、销售不动产营业税的计算

【例4-13】甲公司因业务发发展的需要，2010年销售一栋不需用办公楼，取得销售收入8 000 000元，已知当初购置此办公楼的价款为6 500 000元。销售此办公楼，甲公司应交纳多少营业税？

应纳税额=（8 000 000 – 6 500 000）× 5%=75 000（元）

根据《财政部、国家税务总局关于营业税若干政策问题的通知》，单位和个人销售或转让其购置的不动产或受让的土地使用权，以全部收入减去不动产或土地使用权的购置或受让原价后的余额为营业额。若单位和个人销售或转让抵债所得的不动产、土地使用权的，以全部收入减去抵债时该项不动产或土地使用权作价后的余额为营业额。

十、兼营不同税目营业税的计算

【例4–14】甲酒店1月份取得营业收入情况为：客房收入55 000元，餐饮收入35 000元，歌舞厅收入40 000元。1月份应交纳多少营业税？

客房收入与餐饮收入属于服务业，应按营业额的5%计算交纳营业税，即：

应纳税额=（55 000+35 000）× 5%=4 500（元）

歌舞厅收入应按娱乐业中20%的税率计算交纳营业税，即：

应纳税额=40 000 × 20%=8 000（元）

甲酒店1月份营业税应纳税额=4 500+8 000=12 500（元）

根据《营业税暂行条例》的相关规定，纳税人兼有不同税目的应当缴纳营业税的劳务、转让无形资产或者销售不动产，应当分别核算不同税目的营业额、转让额、营业额；未分别核算营业额的，从高适用税率。

十一、混合销售情况下营业税的计算

【例4–15】甲建筑安装材料公司1月份销售业务情况为：销售装饰材料取得增值税专用发票，发票上记载材料款为100 000元，增值税额为17 000元；同时承接为客户安装装饰材料的业务，取得收入48 000元。该公司1月份应交纳多少营业税？

甲建筑安装材料公司当月无需交纳营业税，其行为属于增值税征收范围。

根据税法的相关规定，一项销售行为如果既涉及应税劳务又涉及货物，为混合销售行为。从事货物的生产、批发或者零售的企业、企业性单位和个体工商户的混合销售行为，视为销售货物，不缴纳营业税；其他单位和个人的混合销售行为，视为提供应税劳务，缴纳营业税。

第五章

城市建设和教育事业两不误

——城建设税与教育费附加实务

第一节 城市维护建设税与教育费附加税基础知识

一、城市维护建设税基础知识

城市维护建设税，在实际工作中简称为“城建税”，它是国家为了加强城市维护建设、扩大和稳定城市维护资金的来源而征收和一种税。

（一）城建税纳税义务人

根据《城市维护建设税暂行条例》的规定，只要是缴纳了增值税、营业税和消费税的单位和个人，都是城建税的纳税义务人。

（二）城建税率

城建税的税率是根据纳税人所在地来决定的，如下。

（1）纳税人所在地在市区的，其城建税适用税率为7%。

（2）纳税人所在地在县城、镇的，其城建税适用税率为5%。

（3）纳税人所在地不在市区、县城或镇的，其城建税适用税率为1%。

（三）城建税的计算方法

应纳税额=（纳税人实际缴纳的增值税+纳税人实际交纳的营业税+纳税人实际交纳的消费税）×城建税适用税率

（四）城建税的一般账务处理

（1）根据实际缴纳的增值税、营业税、消费税税额计提城建税时。

借：营业税金及附加

　　贷：应交税费–应交城建税

（2）与增值税、营业税、消费税一起交纳税款时。

借：应交税费-应交城建税

　　贷：银行存款

（五）城建税的其他相关规定

根据《城市维护建设税暂行条例》的规定，城市维护建设税的征收、管理、纳税环节、奖罚等事项，按照增值税、营业税和消费税的有关规定办理。

（六）免征城建税的相关规定

（1）财政部关于贯彻执行《中华人民共和国城市维护建设税暂行条例》几个具体问题的规定：海关对进口产品代征的产品税、增值税，不征收城市维护建设税。

（2）《财政部关于征收教育费附加几个具体问题的通知》规定：海关对进口产品征收的产品税、增值税，不征收教育费附加。

（3）对进口产品征收的消费税、增值税，不征收城建设税。

二、教育费附加税基础知识

教育附加税是国家为了加快发展地方教育事业，扩大地方教育经费的资金来源而征收的一种税。

（一）教育费附加纳税义务人

根据《征收教育费附加的暂行规定》，只要是缴纳了增值税、营业税和消费税的单位和个人，都是教育费附加的纳税义务人。

（二）教育费附加税率

教育费附加征税率为3%。

（三）教育费附加税的计算方法

应纳税额=（纳税人实际缴纳的增值税+纳税人实际交纳的营业税+纳税人实际交纳的消费税）×教育费附加税率

（四）教育费附加税的一般账务处理

（1）根据实际缴纳的增值税、营业税、消费税税额计提教育费附加税。

借：营业税金及附加

　　贷：应交税费-教育费附加税

（2）与增值税、营业税、消费税一起交纳税款。

借：应交税费-教育费附加税

　　贷：银行存款

（五）教育费附加税的其他相关规定

根据《征收教育费附加的暂行规定》，教育费附加税分别与产品税、增值税、营业税同时缴纳。

三、附加税（费）纳税申报表

表5-1　城建税与教育费附加纳税申报表

附加税（费）纳税申报表

填表日期：年 月 日

纳税人识别号 □□□□□□□□□□□□□□□□□□□□

纳税人名称（公章）：

税款所属期限：自 年 月 日至 年 月 日　　　　金额单位：元（列至角分）

计税依据（计征依据）		计税金额（计征金额）	税率（征收率）	本期应纳税额	本期已缴税额	本期应补（退）税额
		1	2	3 = 1 × 2	4	5 = 3 – 4
城市维护建设税	增值税					
	消费税					
	营业税					
	合计		------			

续 表

<table>
<tr><td rowspan="4">教育费附加</td><td>增值税</td><td></td><td>3%</td><td></td><td></td><td></td></tr>
<tr><td>消费税</td><td></td><td>3%</td><td></td><td></td><td></td></tr>
<tr><td>营业税</td><td></td><td>3%</td><td></td><td></td><td></td></tr>
<tr><td>合计</td><td></td><td>-------</td><td></td><td></td><td></td></tr>
<tr><td rowspan="6">纳税人或代理人声明：此纳税申报表是根据国家税收法律的规定填报的，我确信它是真实的、可靠的、完整的。</td><td colspan="6">如纳税人填报，由纳税人填写以下各栏</td></tr>
<tr><td>经办人（签章）</td><td></td><td>会计主管（签章）</td><td></td><td>法人（签章）</td><td></td></tr>
<tr><td colspan="6">如委托代理人填报，由代理人填写以下各栏</td></tr>
<tr><td colspan="2">代理人名称</td><td colspan="2"></td><td colspan="2" rowspan="3">代理人（公章）</td></tr>
<tr><td colspan="2">经办人（签章）</td><td colspan="2"></td></tr>
<tr><td colspan="2">联系电话</td><td colspan="2"></td></tr>
<tr><td colspan="7">以下由税务机关填写：
受理人： 受理日期： 年 月 日 受理税务机关（签章）</td></tr>
</table>

第二节 城市维护建设税与教育费附加税实务

一、纳税人在市区的城建税与教育费附加的计算

【例5-1】甲公司处于市区内，1月份实际应缴纳24 000元的增值税、28 000元的营业税、18 000元的消费税。那么1月份应交纳多少城建税和教育费附加税？

应交城建税=（24 000+28 000+18 000）×7%=4 900（元）

应交教育费附加税=（24 000+28 000+18 000）×3%=2 100（元）

二、纳税人在县城、镇的城建税与教育费附加的计算

【例5-2】乙公司的注册地在某县城之中，1月份实际应缴纳48 000元的增值税、56 000元的营业税、36 000元的消费税。那么1月份应交纳多少城建税和教育费附加税？

应交城建税=（48 000+56 000+36 000）×5%=7 000（元）

应交教育费附加税=（48 000+56 000+36 000）×3%=4 200（元）

三、纳税人不在市区、县城、镇的城建税与教育费附加的计算

【例5-3】丙公司的生产地在某山区之中，1月份实际应缴纳12 000元的增值税、14 000元的营业税、12 000元的消费税。那么1月份应交纳多少城建税和教育费附加税？

应交城建税=（12 000+14 000+12 000）×1%=380（元）

应交教育费附加税=（12 000+14 000+12 000）×3%=1 140（元）

第六章

企业有所得不忘国

——企业所得税实务

第一节 企业所得税基础知识

企业所得税是指对我国境内的企业和其他取得收入的组织所征收的一种税。

一、企业所得税的纳税义务人

在我国境内取得收入的居民企业和非居民企业是企业所得税的纳税义务人，个人独资企业和合伙企业除外。

根据《企业所得税法》的规定，居民企业，是指依法在中国境内成立，或者依照外国(地区)法律成立但实际管理机构在中国境内的企业；非居民企业，是指依照外国（地区）法律成立且实际管理机构不在中国境内，但在中国境内设立机构、场所的，或者在中国境内未设立机构、场所，但有来源于中国境内所得的企业。

二、企业所得税税率

企业所得税的税率主要表现如下。

（一）一般企业所得税的税率

企业所得税的税率为25%。

（二）小型微利企业

符合条件的小型微利企业，减按20%的税率征收企业所得税。

根据《企业所得税法实施条例》的规定，符合条件的小型微利企业，是指从事国家非限制和禁止行业，并符合下列条件的企业。

（1）工业企业，年度应纳税所得额不超过30万元，从业人数不超过100人，资产总额不超过3000万元。

（2）其他企业，年度应纳税所得额不超过30万元，从业人数不超过80人，资产总额不超过1000万元。

（三）国家需要重点扶持的高新技术企业

国家需要重点扶持的高新技术企业，减按15%的税率征收企业所得税。

根据《企业所得税法实施条例》的规定，国家需要重点扶持的高新技术企业，是指拥有核心自主知识产权，并同时符合下列条件的企业。

（1）产品（服务）属于《国家重点支持的高新技术领域》规定的范围。

（2）研究开发费用占销售收入的比例不低于规定比例。

（3）高新技术产品（服务）收入占企业总收入的比例不低于规定比例。

（4）科技人员占企业职工总数的比例不低于规定比例。

（5）高新技术企业认定管理办法规定的其他条件。

《国家重点支持的高新技术领域》和高新技术企业认定管理办法由国务院科技、财政、税务主管部门商国务院有关部门制定，报国务院批准后公布施行。

三、企业所得税应纳税额的计算方法

企业每一纳税年度的收入总额，减除不征税收入、免税收入、各项扣除以及允许弥补的以前年度亏损后的余额，为应纳税所得额，用公式表示如下：

应纳税所得额=收入总额－减除不征税收入－免税收入－各种扣除项目金额－允许弥补的以前年度亏损金额

企业所得税应纳税额=应纳税所得额×适用税率

（一）收入总额

收入总额是指企业以货币形式和非货币形式从各种来源取得的收入，具体收入来源如图6-1所示。

销售货物收入	企业销售商品、产品、原材料、周转材料以及其他存货取得的收入
提供劳务收入	企业提供劳务和从事各类服务而取得的收入，如企业从事建筑安装、修理修配、交通运输、邮电通信、餐饮住宿、中介代理、旅游、娱乐等取得的收入
转让财产收入	企业转让固定资产、生物资产、无形资产、股权、债权等财产取得的收入
股息、红利等权益性投资收益	企业因权益性投资从被投资方取得的收入
利息收入	企业将资金提供他人使用但不构成权益性投资，或者因他人占用本企业资金取得的收入，如存款利息、贷款利息、债券利息、欠款利息等收入
租金收入	企业提供固定资产、包装物或者其他有形资产的使用权取得的收入
特许权使用费收入	企业提供专利权、非专利技术、商标权、著作权以及其他特许权的使用权取得的收入
接受捐赠收入	企业接受的来自其他企业、组织或者个人无偿给予的货币性资产、非货币性资产
其他收入	企业取得的其他收入，如违约金收入、企业资产溢余收入、逾期未退包装物押金收入、确实无法偿付的应付款项、已作坏账损失处理后又收回的应收款项、债务重组收入、补贴收入、汇兑收益等

图6-1　企业收入额的来源

（二）不征税收入

不征税收入包含以下几方面的收入，如图6-2所示。

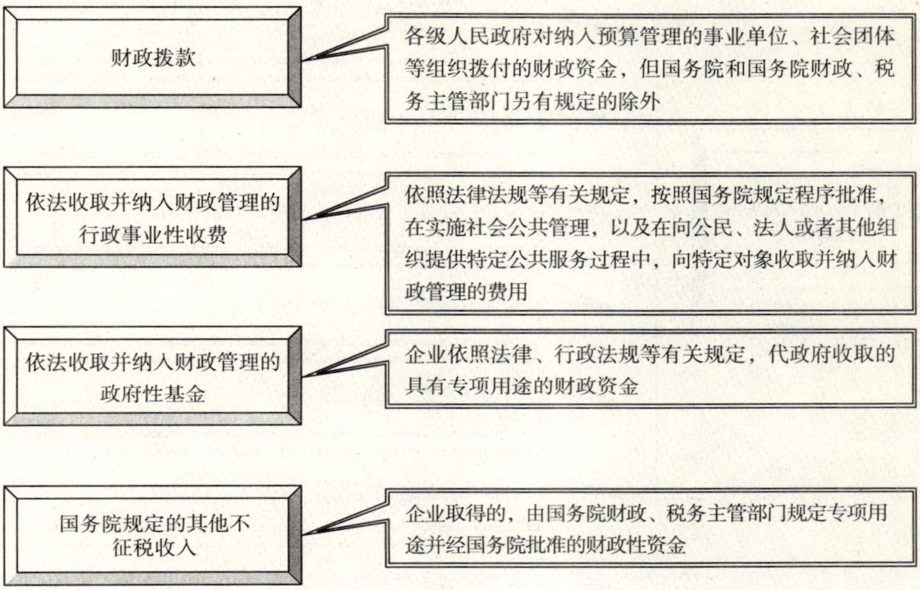

图6-2　不征税收入项目

（三）免税收入

免税收入主要是指以下四方面的收入：

（1）国债利息收入。

（2）符合条件的居民企业之间的股息、红利等权益性投资收益。

（3）在中国境内设立机构、场所的非居民企业从居民企业取得与该机构、场所有实际联系的股息、红利等权益性投资收益。

（4）符合条件的非营利组织的收入。

（四）扣除项目

允许从企业收入总额中扣除的和不能扣除的项目如图6-3所示。

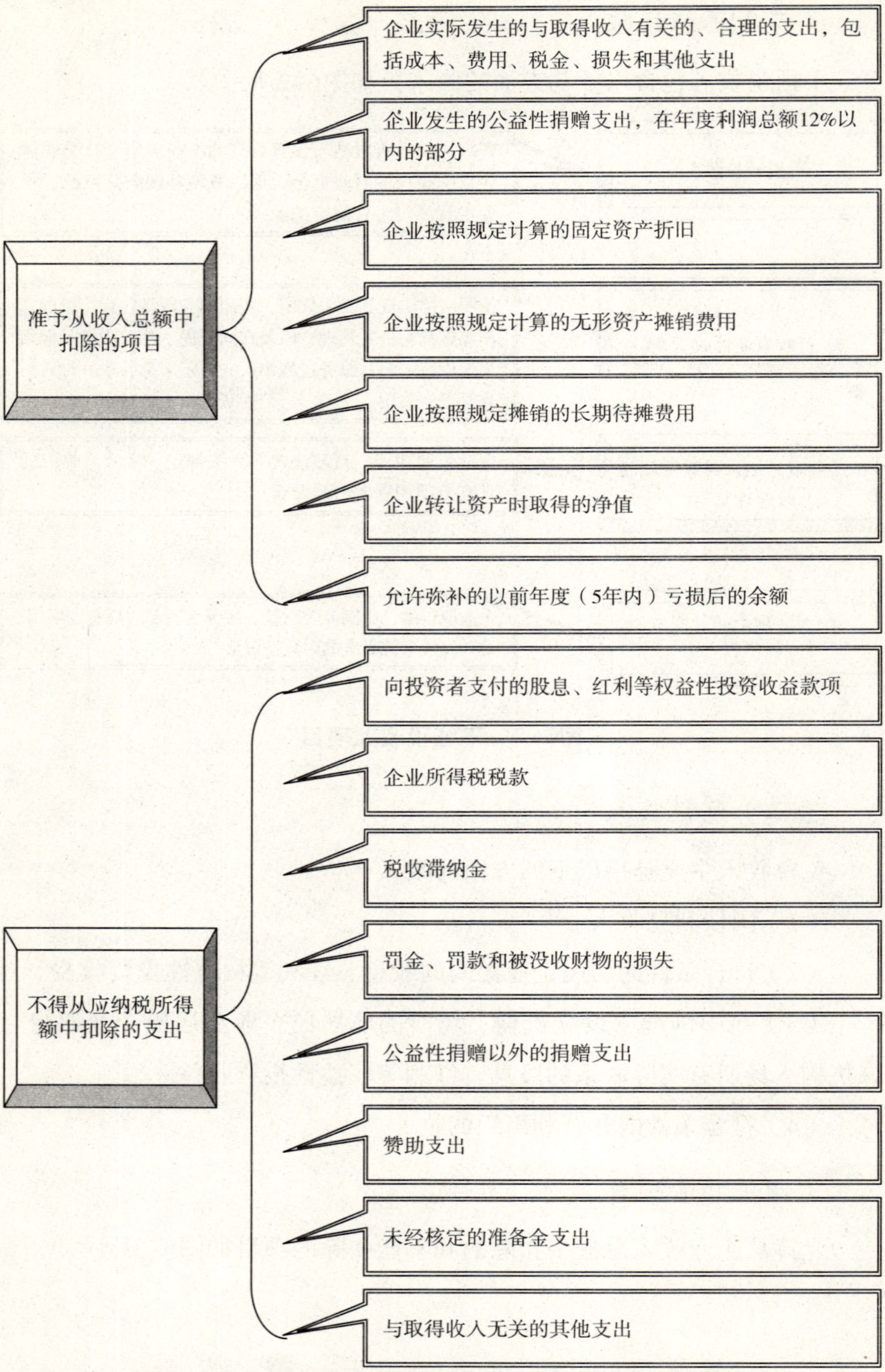

图6–3　准予从收入总额中扣除的和不能扣除的项目

四、可免征、减征企业所得税的企业所得

企业下列所得，可以免征、减征企业所得税：

（1）从事农、林、牧、渔业项目的所得。

（2）从事国家重点扶持的公共基础设施项目投资经营的所得。

（3）从事符合条件的环境保护、节能节水项目的所得。

（4）符合条件的技术转让所得。

（5）股息、红利等权益性投资收益和利息、租金、特许权使用费所得及转让财产所得。

五、企业所得税的一般账务处理

（一）按月或按季计算、预缴企业所得税时

借：所得税费用

　　贷：应交税费-应交所得税

（二）期末结转时

借：本年利润

　　贷：所得税费用

（三）实际交纳所得税时

借：应交税费-应交所得税

　　贷：银行存款

（四）年终汇算清缴时，应补缴所得税时

借：所得税费用

　　贷：应交税费-应交所得税

（五）年终汇算清缴时，应退还企业多缴税款时

借：其他应收款-应收多缴所得税款

　　贷：所得税费用

实际收到税务局退还的多缴税款时：

借：银行存款

贷：其他应收款-应收多缴所得税款

若多缴税款不退，而是用于抵扣下年度的所得税费时：

借：所得税费用

贷：其他应收款-应收多缴所得税款

六、企业所得税征收管理

（一）企业所得税纳税年度

企业所得税按纳税年度计算，纳税年度自公历1月1日起至12月31日止。

在实际工作中，需要注意的是，企业在一个纳税年度中间开业，或者终止经营活动，使该纳税年度的实际经营期不足十二个月的，应当以其实际经营期为一个纳税年度；企业依法清算时，应当以清算期间作为一个纳税年度。

（二）企业所得税的缴纳

在实际工作中，企业所得税一般是按月或按季预缴，年终汇算清缴的方式进行。企业应当自月份或者季度终了之日起十五日内，向税务机关报送预缴企业所得税纳税申报表，预缴税款。税款应当按照月度或者季度的实际利润额预缴；按照月度或者季度的实际利润额预缴有困难的，可以按照上一纳税年度应纳税所得额的月度或者季度平均额预缴，或者按照经税务机关认可的其他方法预缴。预缴方法一经确定，该纳税年度内不得随意变更。

企业在纳税年度内无论盈利或者亏损，都应当自年度终了之日起五个月内，向税务机关报送年度企业所得税纳税申报表，并汇算清缴，结清应缴应退税款。

七、企业所得税纳税申报表

由于企业所得税一般是按月或按季预缴，年终汇算清缴的方式进行，因此，企业所得税纳税申报表有预缴纳税申报表和年终汇算清缴表。

（1）按月或按季预缴纳税申报表如表6–1、表6–2所示。

表6–1　A类企业所得税月（季）度预缴纳税申报表

中华人民共和国
企业所得税月(季)度预缴纳税申报表(A类)

税款所属期间：　　年　　月　　日至　　年　　月　　日

纳税人识别号：

纳税人名称：　　　　　　　　金额单位:人民币元(列至角分)

行次	项　目	本期金额	累计金额
1	一、据实预缴		
2	营业收入		
3	营业成本		
4	利润总额		
5	税率(25%)		
6	应纳所得税额（4行×5行）		
7	减免所得税额		
8	实际已缴所得税额	——	
9	应补（退）的所得税额（6行–7行–8行）	——	
10	二、按照上一纳税年度应纳税所得额的平均额预缴		
11	上一纳税年度应纳税所得额	——	
12	本月（季）应纳税所得额（11行÷12或11行÷4）		

续 表

13	税率(25%)		——	——
14	本月（季）应纳所得税额（12行×13行）			
15	三、按照税务机关确定的其他方法预缴			
16	本月（季）确定预缴的所得税额			
17	总分机构纳税人			
18	总机构	总机构应分摊的所得税额（9行或14行或16行×25%）		
19		中央财政集中分配的所得税额（9行或14行或16行×25%）		
20		分支机构分摊的所得税额(9行或14行或16行×50%）		
21	分支机构	分配比例		
22		分配的所得税额（20行×21行）		

谨声明：此纳税申报表是根据《中华人民共和国企业所得税法》、《中华人民共和国企业所得税法实施条例》和国家有关税收规定填报的，是真实的、可靠的、完整的。

法定代表人（签字）：　　　　年 月 日

纳税人公章： 会计主管： 填表日期：　年　月　日	代理申报中介机构公章： 经办人： 经办人执业证件号码： 代理申报日期：　年　月　日	主管税务机关受理专用章： 受理人： 受理日期：　年　月　日

表6-2　B类企业所得税月（季）度预缴纳税申报表

中华人民共和国
企业所得税月（季）度预缴纳税申报表（B类）

税款所属期间：　　年　　月　　日至　　年　　月　　日

纳税人识别号：

纳税人名称：　　　　　　　　　　　　金额单位：人民币元(列至角分)

项目			行次	累计金额
应纳税所得额的计算	按收入总额核定应纳税所得额	收入总额	1	
		税务机关核定的应税所得率（%）	2	
		应纳税所得额（1行×2行）	3	
	按成本费用核定应纳税所得额	成本费用总额	4	
		税务机关核定的应税所得率（%）	5	
		应纳税所得额[4行÷（1－5行）×5行]	6	
	按经费支出换算应纳税所得额	经费支出总额	7	
		税务机关核定的应税所得率（%）	8	
		换算的收入额[7行÷（1－8行）]	9	
		应纳税所得额（8行×9行）	10	
应纳所得税额的计算		税率（25%）	11	
		应纳所得税额（3行×11行或6行×11行或10行×11行）	12	
		减免所得税额	13	

续 表

<table>
<tr><td rowspan="2">应补（退）所得税额的计算</td><td>已预缴所得税额</td><td>14</td><td></td></tr>
<tr><td>应补（退）所得税额（12行－13行－14行）</td><td>15</td><td></td></tr>
<tr><td colspan="4">谨声明：此纳税申报表是根据《中华人民共和国企业所得税法》、《中华人民共和国企业所得税法实施条例》和国家有关税收规定填报的，是真实的、可靠的、完整的。
法定代表人（签字）：　　年　月　日</td></tr>
</table>

纳税人公章： 会计主管： 填表日期：　年　月　日	代理申报中介机构公章： 经办人： 经办人执业证件号码： 代理申报日期：　年　月　日	主管税务机关受理专用章： 受理人： 受理日期：　年　月　日

（2）企业所得税年度纳税申报表如表6-3至表6-14所示。

表6-3　企业所得税年度纳税申报表主表

中华人民共和国企业所得税年度纳税申报表

税款所属期间：　　年　　月　　日至　　年　　月　　日

纳税人名称：

纳税人识别号：□□□□□□□□□□□□□□□□□□□□　　金额单位：元（列至角分）

类别	行次	项目	金额
利润总额计算	1	一、营业收入（填附表一）	
	2	减：营业成本（填附表二）	

续　表

利润总额计算	3	营业税金及附加	
	4	销售费用（填附表二）	
	5	管理费用（填附表二）	
	6	财务费用（填附表二）	
	7	资产减值损失	
	8	加：公允价值变动收益	
	9	投资收益	
	10	二、营业利润	
	11	加：营业外收入（填附表一）	
	12	减：营业外支出（填附表二）	
	13	三、利润总额（10＋11－12）	
应纳税所得额计算	14	加：纳税调整增加额（填附表三）	
	15	减：纳税调整减少额（填附表三）	
	16	其中：不征税收入	
	17	免税收入	
	18	减计收入	
	19	减、免税项目所得	
	20	加计扣除	
	21	抵扣应纳税所得额	
	22	加：境外应税所得弥补境内亏损	
	23	纳税调整后所得（13＋14－15＋22）	
	24	减：弥补以前年度亏损（填附表四）	
	25	应纳税所得额（23－24）	

续 表

应纳税额计算	26	税率（25%）	
	27	应纳所得税额（25×26）	
	28	减：减免所得税额（填附表五）	
	29	减：抵免所得税额（填附表五）	
	30	应纳税额（27－28－29）	
	31	加：境外所得应纳所得税额（填附表六）	
	32	减：境外所得抵免所得税额（填附表六）	
	33	实际应纳所得税额（30＋31－32）	
	34	减:本年累计实际已预缴的所得税额	
	35	其中:汇总纳税的总机构分摊预缴的税额	
	36	汇总纳税的总机构财政调库预缴的税额	
	37	汇总纳税的总机构所属分支机构分摊的预缴税额	
	38	合并纳税（母子体制）成员企业就地预缴比例	
	39	合并纳税企业就地预缴的所得税额	
	40	本年应补（退）的所得税额（33－34）	
附列资料	41	以前年度多缴的所得税额在本年抵减额	
	42	以前年度应缴未缴在本年入库所得税额	
纳税人公章： 经办人： 申报日期： 年 月 日		代理申报中介机构公章： 经办人及执业证件号码： 代理申报日期： 年 月 日	主管税务机关受理专用章： 受理人： 受理日期： 年 月 日

表6–4　企业所得税年度纳税申报表附表一

收入明细表

填报时间：年　月　日　　　　　　　　　　金额单位:元（列至角分）

行次	项　　目	金　额
1	一、销售（营业）收入合计（2 + 13）	
2	（一）营业收入合计（3 + 8）	
3	1.主营业务收入（4 + 5 + 6 + 7）	
4	（1）销售货物	
5	（2）提供劳务	
6	（3）让渡资产使用权	
7	（4）建造合同	
8	2.其他业务收入（9 + 10 + 11 + 12）	
9	（1）材料销售收入	
10	（2）代购代销手续费收入	
11	（3）包装物出租收入	
12	（4）其他	
13	（二）视同销售收入（14 + 15 + 16）	
14	1.非货币性交易视同销售收入	
15	2.货物、财产、劳务视同销售收入	
16	3.其他视同销售收入	
17	二、营业外收入（18 + 19 + 20 + 21 + 22 + 23 + 24 + 25 + 26）	
18	1.固定资产盘盈	

续 表

19	2.处置固定资产净收益	
20	3.非货币性资产交易收益	
21	4.出售无形资产收益	
22	5.罚款净收入	
23	6.债务重组收益	
24	7.政府补助收入	
25	8.捐赠收入	
26	9.其他	

经办人（签章）：　　　　法定代表人（签章）：

表6-5　企业所得税年度纳税申报表附表二

成本费用明细表

填报时间：　年　月　日　　　　金额单位：元（列至角分）

行次	项　目	金　额
1	一、销售（营业）成本合计（2+7+12）	
2	（一）主营业务成本（3+4+5+6）	
3	1.销售货物成本	
4	2.提供劳务成本	
5	3.让渡资产使用权成本	
6	4.建造合同成本	
7	（二）其他业务成本（8+9+10+11）	

续　表

8	1.材料销售成本	
9	2.代购代销费用	
10	3.包装物出租成本	
11	4.其他	
12	（三）视同销售成本（13 + 14 + 15）	
13	1.非货币性交易视同销售成本	
14	2.货物、财产、劳务视同销售成本	
15	3.其他视同销售成本	
16	二、营业外支出（17 + 18 + ……+ 24）	
17	1.固定资产盘亏	
18	2.处置固定资产净损失	
19	3.出售无形资产损失	
20	4.债务重组损失	
21	5.罚款支出	
22	6.非常损失	
23	7.捐赠支出	
24	8.其他	
25	三、期间费用（26 + 27 + 28）	
26	1.销售（营业）费用	
27	2.管理费用	
28	3.财务费用	

经办人（签章）：　　　　　　　　　　法定代表人（签章）：

表6–6　企业所得税年度纳税申报表附表三

纳税调整项目明细表

填报时间：　年　月　日　　　　金额单位：元（列至角分）

	行次	项目	账载金额	税收金额	调增金额	调减金额
			1	2	3	4
	1	一、收入类调整项目	*	*		
	2	1.视同销售收入（填写附表一）	*	*		*
#	3	2.接受捐赠收入	*			*
	4	3.不符合税收规定的销售折扣和折让				*
*	5	4.未按权责发生制原则确认的收入				
*	6	5.按权益法核算长期股权投资对初始投资成本调整确认收益	*	*	*	
	7	6.按权益法核算的长期股权投资持有期间的投资损益	*	*		
*	8	7.特殊重组				
*	9	8.一般重组				
*	10	9.公允价值变动净收益（填写附表七）	*	*		
	11	10.确认为递延收益的政府补助				
	12	11.境外应税所得（填写附表六）	*	*	*	
	13	12.不允许扣除的境外投资损失	*	*		*
	14	13.不征税收入（填附表一[3]）	*	*	*	
	15	14.免税收入（填附表五）	*	*	*	
	16	15.减计收入（填附表五）	*	*	*	

续　表

	17	16.减、免税项目所得（填附表五）	*	*	*	
	18	17.抵扣应纳税所得额（填附表五）	*	*	*	
	19	18.其他				
	20	二、扣除类调整项目	*	*		
	21	1.视同销售成本（填写附表二）	*	*	*	
	22	2.工资薪金支出				
	23	3.职工福利费支出				
	24	4.职工教育经费支出				
	25	5.工会经费支出				
	26	6.业务招待费支出				*
	27	7.广告费和业务宣传费支出（填写附表八）	*	*		
	28	8.捐赠支出				*
	29	9.利息支出				
	30	10.住房公积金				*
	31	11.罚金、罚款和被没收财物的损失		*		*
	32	12.税收滞纳金		*		*
	33	13.赞助支出		*		*
	34	14.各类基本社会保障性缴款				
	35	15.补充养老保险、补充医疗保险				
	36	16.与未实现融资收益相关在当期确认的财务费用				

续　表

	37	17.与取得收入无关的支出		*		*
	38	18.不征税收入用于支出所形成的费用		*		*
	39	19.加计扣除（填附表五）	*	*	*	
	40	20.其他				
	41	三、资产类调整项目	*	*		
	42	1.财产损失				
	43	2.固定资产折旧（填写附表九）	*	*		
	44	3.生产性生物资产折旧（填写附表九）	*	*		
	45	4.长期待摊费用的摊销（填写附表九）	*	*		
	46	5.无形资产摊销（填写附表九）	*	*		
	47	6.投资转让、处置所得（填写附表十一）	*	*		
	48	7.油气勘探投资(填写附表九)				
	49	8.油气开发投资(填写附表九)				
	50	9.其他				
	51	四、准备金调整项目（填写附表十）	*	*		
	52	五、房地产企业预售收入计算的预计利润	*	*		
	53	六、特别纳税调整应税所得	*	*		*
	54	七、其他	*	*		
	55	合　　计	*	*		

表6–7　企业所得税年度纳税申报表附表四

企业所得税弥补亏损明细表

填报时间：　年　月　日　　　　　　　　　　　　　　　　　　金额单位：元(列至角分)

行次	项目	年度	盈利额或亏损额	合并分立企业转入可弥补亏损额	当年可弥补的所得额	以前年度亏损弥补额					本年度实际弥补的以前年度亏损额	可结转以后年度弥补的亏损额
						前四年度	前三年度	前二年度	前一年度	合计		
		1	2	3	4	5	6	7	8	9	10	11
1	第一年											*
2	第二年					*						
3	第三年					*	*					
4	第四年					*	*	*				
5	第五年					*	*	*	*			
6	本年					*	*	*	*	*		
7	可结转以后年度弥补的亏损额合计											

经办人(签章):　　　　　　　　　　法定代表人(签章):

表6–8　企业所得税年度纳税申报表附表五

税收优惠明细表

填报时间：　年　月　日　　　　　　　　　　　　　　　　　　金额单位：元（列至角分）

行　次	项　　目	金　额
1	一、免税收入（2+3+4+5）	

续 表

2	1.国债利息收入	
3	2.符合条件的居民企业之间的股息、红利等权益性投资收益	
4	3.符合条件的非营利组织的收入	
5	4.其他	
6	二、减计收入（7＋8）	
7	1.企业综合利用资源,生产符合国家产业政策规定的产品所取得的收入	
8	2.其他	
9	三、加计扣除额合计（10＋11＋12＋13）	
10	1.开发新技术、新产品、新工艺发生的研究开发费用	
11	2.安置残疾人员所支付的工资	
12	3.国家鼓励安置的其他就业人员支付的工资	
13	4.其他	
14	四、减免所得额合计（15＋25＋29＋30＋31＋32）	
15	（一）免税所得（16＋17＋…＋24）	
16	1.蔬菜、谷物、薯类、油料、豆类、棉花、麻类、糖料、水果、坚果的种植	
17	2.农作物新品种的选育	
18	3.中药材的种植	
19	4.林木的培育和种植	
20	5.牲畜、家禽的饲养	
21	6.林产品的采集	
22	7.灌溉、农产品初加工、兽医、农技推广、农机作业和维修等农、林、牧、渔服务业项目	
23	8.远洋捕捞	
24	9.其他	
25	（二）减税所得（26＋27＋28）	

续　表

26	1.花卉、茶以及其他饮料作物和香料作物的种植	
27	2.海水养殖、内陆养殖	
28	3.其他	
29	（三）从事国家重点扶持的公共基础设施项目投资经营的所得	
30	（四）从事符合条件的环境保护、节能节水项目的所得	
31	（五）符合条件的技术转让所得	
32	（六）其他	
33	五、减免税合计（34 + 35 + 36 + 37 + 38）	
34	（一）符合条件的小型微利企业	
35	（二）国家需要重点扶持的高新技术企业	
36	（三）民族自治地方的企业应缴纳的企业所得税中属于地方分享的部分	
37	（四）过渡期税收优惠	
38	（五）其他	
39	六、创业投资企业抵扣的应纳税所得额	
40	七、抵免所得税额合计（41 + 42 + 43 + 44）	
41	（一）企业购置用于环境保护专用设备的投资额抵免的税额	
42	（二）企业购置用于节能节水专用设备的投资额抵免的税额	
43	（三）企业购置用于安全生产专用设备的投资额抵免的税额	
44	（四）其他	
45	企业从业人数（全年平均人数）	
46	资产总额（全年平均数）	
47	所属行业（工业企业　其他企业　）	

经办人（签章）：　　　　法定代表人（签章）：

表6-9　企业所得税年度纳税申报表附表六

境外所得税抵免计算明细表

填报时间：　年　月　日　　　　　　　　金额单位：元（列至角分）

抵免方式	国家或地区	境外所得	境外所得换算含税所得	弥补以前年度亏损	免税所得	弥补亏损前境外应税所得额	可弥补境内亏损	境外应纳税所得额	税率	境外所得应纳税额	境外所得可抵免税额	境外所得税款抵免限额	本年可抵免的境外所得税款	未超过境外所得税款抵免限额的余额	本年可抵免以前年度所得税额	前五年境外所得已缴税款未抵免余额	定率抵免
	1	2	3	4	5	6（3－4－5）	7	8（6－7）	9	10（8×9）	11	12	13	14（12－13）	15	16	17
直接抵免																	
间接抵免				*	*									*	*	*	
				*	*									*	*	*	
				*	*									*	*	*	
				*	*									*	*	*	
	合计																

经办人（签章）：　　　　　　　　法定代表人（签章）：

表6-10 企业所得税年度纳税申报表附表七

以公允价值计量资产纳税调整表

填报时间: 年 月 日　　　　金额单位:元（列至角分）

行次	资产种类	期初金额		期末金额		纳税调整额（纳税调减以“-”表示）
		账载金额（公允价值）	计税基础	账载金额（公允价值）	计税基础	
		1	2	3	4	5
1	一、公允价值计量且其变动计入当期损益的金融资产					
2	1.交易性金融资产					
3	2.衍生金融工具					
4	3.其他以公允价值计量的金融资产					
5	二、公允价值计量且其变动计入当期损益的金融负债					
6	1.交易性金融负债					
7	2.衍生金融工具					
8	3.其他以公允价值计量的金融负债					
9	三、投资性房地产					
10	合计					

经办人:　　　　经办人(签章):　　　　法定代表人(签章):

表6-11 企业所得税年度纳税申报表附表八

广告费和业务宣传费跨年度纳税调整表

填报时间 年 月 日　　　　金额单位:元（列至角分）

行次	项　目	金 额
1	本年度广告费和业务宣传费支出	

续 表

2	其中：不允许扣除的广告费和业务宣传费支出	
3	本年度符合条件的广告费和业务宣传费支出（1－2）	
4	本年计算广告费和业务宣传费扣除限额的销售（营业）收入	
5	税收规定的扣除率	
6	本年广告费和业务宣传费扣除限额（4×5）	
7	本年广告费和业务宣传费支出纳税调整额（3≤6，本行＝2行；3＞6，本行＝1－6）	
8	本年结转以后年度扣除额（3＞6，本行＝3－6；3≤6，本行＝0）	
9	加：以前年度累计结转扣除额	
10	减：本年扣除的以前年度结转额	
11	累计结转以后年度扣除额（8＋9－10）	

经办人（签章）： 法定代表人（签章）：

表6–12 企业所得税年度纳税申报表附表九

资产折旧、摊销纳税调整明细表

填报日期: 年 月 日 金额单位:元（列至角分）

行次	资产类别	资产原值		折旧、摊销年限		本期折旧、摊销额		纳税调整额
		账载金额	计税基础	会计	税收	会计	税收	
		1	2	3	4	5	6	7
1	一、固定资产			*	*			
2	1.房屋建筑物							

续表

3	2.飞机、火车、轮船、机器、机械和其他生产设备							
4	3.与生产经营有关的器具工具家具							
5	4.飞机、火车、轮船以外的运输工具							
6	5.电子设备							
7	二、生产性生物资产			*	*			
8	1.林木类							
9	2.畜类							
10	三、长期待摊费用			*	*			
11	1.已足额提取折旧的固定资产的改建支出							
12	2.租入固定资产的改建支出							
13	3.固定资产大修理支出							
14	4.其他长期待摊费用							
15	四、无形资产							
16	五、油气勘探投资							
17	六、油气开发投资							
18	合计			*	*			

经办人（签章）：　　　　法定代表人（签章）

表6–13　企业所得税年度纳税申报表附表十

资产减值准备项目调整明细表

填报日期：年　月　日　　　　　　金额单位:元(列至角分)

行次	准备金类别	期初余额	本期转回额	本期计提额	期末余额	纳税调整额
		1	2	3	4	5
1	坏（呆）账准备					
2	存货跌价准备					
3	*其中：消耗性生物资产减值准备					
4	*持有至到期投资减值准备					
5	*可供出售金融资产减值		——			
6	#短期投资跌价准备					
7	长期股权投资减值准备					
8	*投资性房地产减值准备					
9	固定资产减值准备					
10	在建工程（工程物资）减值准备					
11	*生产性生物资产减值准备					
12	无形资产减值准备					
13	商誉减值准备					
14	贷款损失准备					
15	矿区权益减值					
16	其他					
17	合计					

注：表中*项目为执行新会计准则企业专用；表中#项目为执行企业会计制度、小企业会计制度的企业专用。

经办人(签章):　　　　　　法定代表人(签章):

表6-14　企业所得税年度纳税申报表附表十一

长期股权投资所得（损失）明细表

填报时间：　年　月　日　　　　　　　　　　　　　　　　　　　　金额单位：元（列至角分）

行次	被投资企业	期初投资额	本年度增（减）投资额	投资成本		股息红利					投资转让所得（损失）					
				初始投资成本	权益法核算对初始投资成本调整产生的收益	会计核算投资收益	会计投资损益	税收确认的股息红利		会计与税收的差异	投资转让净收入	投资转让的会计成本	投资转让的税收成本	会计上确认的转让所得或损失	按税收计算的投资转让所得或损失	会计与税收的差异
								免税收入	全额征税收入							
	1	2	3	4	5	6（7+14）	7	8	9	10（7－8－9）	11	12	13	14（11－12）	15（11－13）	16（14－15）
1																
2																
3																
4																
5																
6																
7																
8																
合计																

投资损失补充资料

行次	项目	年度	当年度结转金额	已弥补金额	本年度弥补金额	结转以后年度待弥补金额	备注：
1	第一年						
2	第二年						
3	第三年						
4	第四年						
5	第五年						
以前年度结转在本年度税前扣除的股权投资转让损失							

经办人（签章）：　　　　　　　　　　　　　法定代表人（签章）：

第二节 企业所得税的计算

一、一般企业所得税的计算

【例6-1】某企业2010年度经核算当年实现的利润总额为888 888元，企业所得税适用税率为25%。已知该企业以前年度没有尚未弥补的亏损额，那么其2010年应交纳多少企业所得税？

企业所得税应纳税额=888 888×25%=222 222（元）

二、小型微利企业所得税的计算

【例6-2】甲企业是一家从事机械生产的企业，所从事的行业不是国家非限制和禁止的行业。2010年，其资产总额为25 400 000元，在职人数为80人，经核算，当年甲企业应纳税所得额为280 000元，以前年度没有尚未弥补的亏损额。那么甲企业2010年应交纳多少企业所得税？

企业所得税应纳税额=280 000×20%=56 000（元）

甲企业所从事的行业不是国家非限制和禁止的行业；其属于工业企业；2010年应纳税所得额为280 000元，没有超过300 000元；从业人数为80人，没有超过100人；资产总额为25 400 000元，没有超过30 000 000元。因此，其属于小型微利工业企业，所得税应纳税额应按20%的税率计算。

三、国家重点扶持的高新技术企业的企业所得税的计算

【例6-3】乙企业是国家需要重点扶持的高新技术企业，2010年应纳税所得额为666 666元，近几年没有未弥补的亏损额，该企业2010年

应交纳多少企业所得税？

企业所得税应纳税额=666 666×15%=99 999.90（元）

根据规定，国家需要重点扶持的高新技术企业，减按15%的税率征收企业所得税。

四、含免税收入的企业所得税的计算

【例6-4】丙企业2010年税前会计利润总额为999 000元，其中包括当年收到的国库券利息收入9 000元。丙企业适用的企业所得税税率为25%，以前年度没有未弥补的亏损额，其2010年应交多少企业所得税？

企业所得税应纳税额=（999 000－9 000）×25%=247 500（元）

国债利息收入属于免税范畴，因此，丙企业在计算企业所得税时，应将国库券收入从收入总额中扣除。

五、以前年度亏损情况下企业所得税的计算

【例6-5】A企业2010年全年实现的利润总额为666 666元，开业至2009年累计亏损额为566 666元，其中2005年至2009年亏损额为66 666元。该企业适用的所得税税率为25%，假设其他扣除项目都在税法规定范围之内，2010年A企业应交纳多少企业所得税？

2010年企业所得税应纳税额=（666 666－66 666）×25%=150 000（元）

根据《企业所得税法》的规定，企业纳税年度发生的亏损，准予向以后年度结转，用以后年度的所得弥补，但结转年限最长不得超过五年。

六、有职工福利费支出时企业所得税的计算

【例6-6】B企业2010年实现利润总额为650 000元。这一年企业发放的工资薪金总额为400 000元（在计税工资薪金范围之内），当年发

放的职工福利费为60 000元。B企业所得税适用税率为25%，假设其他扣除项目都在税法规定范围之内，那么2010年应交纳的企业所得税额为多少？

职工福利费扣除限额=400 000×14%=56 000（元）

纳税调增金额=60 000－56 000=4 000（元）

2010年企业所得税应纳税额=（650 000+4 000）×25%=163 500（元）

根据《企业所得税法实施细则》的规定，企业发生的职工福利费支出，不超过工资薪金总额14%的部分，准予扣除。在本案例中，会计上从收入总额中扣除的福利费为60 000元，但根据规定，允许从收入总额中扣除的福利费限额只有56 000元，因此，年终计算企业所得税，应纳税所得额应调增4 000元。

七、有工会经费支出时企业所得税的计算

【例6-7】C企业2010年实现利润总额为680 000元。这一年企业发放的工资薪金总额为400 000元（在计税工资薪金范围之内），当年计提的工会经费为8 000元。B企业所得税适用税率为25%，假设其他扣除项目都在税法规定范围之内，那么2010年应交纳的企业所得税额为多少？

工会经费扣除限额=400 000×2%=8 000（元）

企业所得税应纳税额=680 000×25%=170 000（元）

根据《企业所得税法实施细则》的规定，企业拨缴的工会经费，不超过工资薪金总额2%的部分，准予扣除。在本案例中，企业计提的工会费与规定的扣除限额正好一致，因此在计算企业所得税时，这一项不需要进行调整。

八、有职工教育经费支出时企业所得税的计算

【例6-8】D企业2010年实现利润总额为800 000元。这一年企业发放的工资薪金总额为500 000元（在计税工资薪金范围之内），当年交纳

的职工教育经费为12 500元。D企业所得税适用税率为25%，假设其他扣除项目都在税法规定范围之内，那么该企业2010年应交纳的企业所得税额为多少？

职工教育经费扣除限额=500 000 × 2.5%=12 500（元）

企业所得税应纳税额=800 000 × 25%=200 000（元）

根据《企业所得税法实施细则》的规定，除国务院财政、税务主管部门另有规定外，企业发生的职工教育经费支出，不超过工资薪金总额2.5%的部分，准予扣除；超过部分，准予在以后纳税年度结转扣除。在本案例中，企业交纳的职工教育经费与规定的扣除限额正好一致，因此在计算企业所得税时，这一项不需要进行调整。

九、有招待费支出时企业所得税的计算

【例6-9】E企业2010年实现利润总额为500 000元；这一年销售收入总额为5 000 000元；这一年会计账簿上记录的招待费发生额为42 000元。E企业所得税适用税率为25%，假设其他扣除项目都在税法规定范围之内，那么该企业2010年应交纳的企业所得税额为多少？

业务招待费扣除限额=5 000 000 × 5‰=25 000（元）

实际扣除额=42 000 × 60%=25 200（元）

企业所得税应纳税额=[500 000 +（42 000 − 25 000）] × 25%=129 250（元）

根据《企业所得税法实施细则》的规定，企业发生的与生产经营活动有关的业务招待费支出，按照发生额的60%扣除，但最高不得超过当年销售（营业）收入的5‰。在本案例中，业务招待费按实际发生额的60%扣除额为25 200元，仍超过了最高扣除限额25 000元，因此，业务招待费应按25 000元扣除，在计算企业应纳税所得额时应调增17 000（42 000 − 25 000）元。

十、有广告费和业务宣传费支出时企业所得税的计算

【例6-10】F企业2010年实现利润总额为900 000元；这一年销售收入总额为8 000 000元；这一年会计账簿上记录的广告费为1 005 000元。F企业所得税适用税率为25%，假设其他扣除项目都在税法规定范围之内，那么该企业2010年应交纳的企业所得税额为多少？

广告费扣除限额=8 000 000 × 15%=1 200 000（元）

企业所得税应纳税额=900 000 × 25%=225 000（元）

根据《企业所得税法实施细则》的规定，企业发生的符合条件的广告费和业务宣传费支出，除国务院财政、税务主管部门另有规定外，不超过当年销售（营业）收入15%的部分，准予扣除；超过部分，准予在以后纳税年度结转扣除。在本案例中，实际上发生的广告费没有超过规定的扣除限额，因此，在计算企业所得税时无需进行调整，按会计上的利润总额及其适用税率计算企业所得税就可。

十一、加计扣除项目企业所得税的计算

【例6-11】G企业2010年实现的利润总额为600 000元；这一年，开发新产品时发生研究开发费用12 000元。G企业所得税适用税率为25%，假设其他扣除项目都在税法规定范围之内，那么该企业2010年应交纳的企业所得税额为多少？

企业所得税应纳税额=（600 000 – 12 000）× 25%=147 000（元）

根据《企业所得税法实施细则》的规定，企业开发新技术、新产品、新工艺发生的研究开发费用和安置残疾人员及国家鼓励安置的其他就业人员所支付的工资可以在计算应纳税所得额时加计扣除。

十二、有租入固定资产的企业所得税的计算

【例6-12】H企业2010年实现的利润总额为600 000元。已知2010年1月1日经营租赁了一台大型生产设备，合同上约定的租赁期限为3年，

租赁费用共计36 000元，租赁费的支付方式为：前两年每年支付15 000元，第三年支付6 000元。H公司财务人员按照合同上的支付方式，2010年将支付的15 000列入了“销售费用”账户。H企业所得税适用税率为25%，假设其他扣除项目都在税法规定范围之内，那么该企业2010年应交纳的企业所得税额为多少？

经营租赁的大型生产设备准予扣除的金额=36 000÷3=12 000（元）

应纳税所得额应调增金额=15 000－12 000=3 000（元）

企业所得税应纳税额=（600 000+3 000）×25%=150 750（元）

根据《企业所得税法实施细则》的规定，企业根据生产经营活动的需要租入固定资产支付的租赁费，按照以下方法扣除：以经营租赁方式租入固定资产发生的租赁费支出，按照租赁期限均匀扣除；以融资租赁方式租入固定资产发生的租赁费支出，按照规定构成融资租入固定资产价值的部分应当提取折旧费用，分期扣除。在本案例中，根据《企业所得税法实施细则》规定每年记入“销售费用”账户中的金额应为12 000元，会计上是按实际支付的金额记入“销售费用”账户的，因此，在计算企业所得税时应按税法的规定进行调增。

十三、有公益性捐赠支出时企业所得税的计算

【例6-13】K公司2010年通过相关的国家机关向灾区捐赠了100 000元，已知这一年K公司的利润额为800 000元。H企业所得税适用税率为25%，假设其他扣除项目都在税法规定范围之内，那么该企业2010年应交纳的企业所得税额为多少？

捐赠支出准予扣除的限额=800 000×12%=96 000（元）

企业所得税应纳税额=[800 000+（100 000－96 000）]×25%=201 000（元）

根据《企业所得税法实施细则》的规定，企业发生的公益性捐赠支出，不超过年度利润总额12%的部分，准予扣除。在本案例中，企业的

捐赠额超过了规定的限额，超出部分是不能从企业应纳税所得额中扣除的，因此，在计算企业所得税时应调增应纳税所得额4 000（100 000－96 000）元。

十四、有关固定资产折旧扣除的企业所得税的计算

【例6-14】L公司2010年的利润总额为880 000元，企业所得税适用税率为25%。该企业计算出这一年应交纳的所得税为220 000（880 000×25%）元。税务机关在审查企业的账务时，发现有一项在2009年已提足的固定资产2010年仍然按原来计提折旧的方法计提了折旧，计提金额为5 600元。

税务部门对该企业2010应纳税所得额做了相应的调整，如下：

L公司2010年所得税应纳税额=（880 000+5 600）×25%=221 400（元）

根据《企业所得税法》的规定，在计算应纳税所得额时，企业按照规定计算的固定资产折旧，准予扣除。但以下固定资产不得计算折旧扣除：房屋、建筑物以外未投入使用的固定资产；以经营租赁方式租入的固定资产；以融资租赁方式租出的固定资产；已足额提取折旧仍继续使用的固定资产；与经营活动无关的固定资产；单独估价作为固定资产入账的土地；其他不得计算折旧扣除的固定资产。在本案例中，已提足了折旧的固定资产是不能再计提折旧的，这样就造成少交了企业所得税，因此，在计算应纳税所得额时，应调增应纳税所得额。

十五、有关长期待摊费用扣除的企业所得税的计算

【例6-15】某企业生产车间的一台大型设备，每三年大修一次，修理费用在今后的三年内平均摊销。2010年1月份修理时，领用维修材料、修理备件、支付修理工人工资等共发生修理费用36 000元。这一年每月摊销大修理费用1 000元，全年共摊销金额12 000元，摊销时会计上

的账务处理为借记“制造费用”科目，贷记“长期待摊费用”科目，也就是说，这部分摊销费用在计算利润总额时已扣除，请问这样的账务处理在计算所得税时是否需要进行相应的调整？

2010年该企业计算应纳税所得额时不需要进行调整。按《企业所得税法》的规定，在计算应纳税所得额时，企业发生的下列支出作为长期待摊费用，按照规定摊销的，准予扣除：已足额提取折旧的固定资产的改建支出；租入固定资产的改建支出；固定资产的大修理支出；其他应当作为长期待摊费用的支出。

第七章

个人所得计税分情况

——个人所得税实务

第一节 个人所得税基础知识

个人所得税是对个人取得的应税收入征收的一种税。

一、个人所得税的纳税义务人

在中国境内有住所，或者无住所而在境内居住满一年的、来源于中国境内所得和来源于中国境外所得的个人以及在中国境内无住所又不居住或者无住所而在境内居住不满一年的、从中国境内取得的所得的个人是个人所得税的纳税义务人。

在中国境内有住所的个人，是指因户籍、家庭、经济利益关系而在中国境内习惯性居住的个人。

在境内居住满一年，是指在一个纳税年度中在中国境内居住365日。临时离境的，不扣减日数。临时离境，是指在一个纳税年度中一次不超过30日或者多次累计不超过90日的离境。

二、个人所得税的税率

个人所得税税率由于收入的来源不同，其税率也各有不同。

（一）工资、薪金所得

工资、薪金所得，适用九级超额累进税率，具体的适用税率及其速算扣除数如表7-1所示。

表7-1 工资、薪金所得适用的税率及其速算扣除数

级数	月纳税所得额	税率(%)	速算扣除额
1	不超过1500元的	3	0
2	超过1500元至4500元的部分	10	105
3	超过4500元至9000元的部分	20	555

续 表

4	超过9000元至35000元的部分	25	1005
5	超过35000元至55000元的部分	30	2755
6	超过55000元至80000元的部分	35	5505
7	超过80000元的部分	45	13505

月应纳税所得额是指以纳税人每月收入额减除费用3500元后的余额或者减除附加减除费用后的余额。附加减除费用是指每月在减除3500元费用的基础上，再减除1300元的费用，附加减除费用适用的范围为：在中国境内的外商投资企业和外国企业中工作的外籍人员；应聘在中国境内的企业、事业单位、社会团体、国家机关中工作的外籍专家；在中国境内有住所而在中国境外任职或者受雇取得工资、薪金所得的个人；国务院财政、税务主管部门确定的其他人员。

（二）个体工商户的生产、经营所得和对企事业单位的承包经营、承租经营所得

个体工商户的生产、经营所得和对企事业单位的承包经营、承租经营所得适用5%至35%的超额累进税率，具体适用税率及速算扣除额如表7–2所示。

表7–2 个体工商户的生产、经营所得和对企事业单位的承包经营、承租经营所得适用的税率及速算扣除额

级数	年纳税所得额	税率(%)	速算扣除额
1	不超过15000元的	5	0
2	超过15000元到30000元的部分	10	750
3	超过30000元至60000元的部分	20	3750
4	超过60000元至100000元的部分	30	9750
5	超过100000元的部分	35	14750

个体工商户的生产、经营所得，以每一纳税年度的收入总额，减除成本、费用以及损失后的余额，为应纳税所得额；对企事业单位的承包经营、承租经营所得，以每一纳税年度的收入总额，减除必要费用后的余额，为应纳税所得额。每一纳税年度的收入总额，是指纳税义务人按照承包经营、承租经营合同规定分得的经营利润和工资、薪金性质的所

得；减除必要费用，是指按月减除3500元。

（三）稿酬所得

稿酬所得，适用比例税率，税率为20%，并按应纳税额减征30%。

（四）劳务报酬所得

劳务报酬所得，适用比例税率，税率为20%。对劳务报酬所得一次收入畸高的，可以实行加成征收，具体办法办法为：应纳税所得额超过2万元至5万元的部分，依照税法规定计算应纳税额后再按照应纳税额加征五成；超过5万元的部分，加征十成。对劳务报酬所得一次收入畸高的，可以实行加成征收，具体办法由国务院规定。

（五）特许权使用费所得，利息、股息、红利所得，财产租赁所得，财产转让所得，偶然所得和其他所得

特许权使用费所得，利息、股息、红利所得，财产租赁所得，财产转让所得，偶然所得和其他所得，适用比例税率，税率为20%。

三、个人所得税应纳税额的计算

个人所得税应纳税所得额的计算方法如下。

（一）工资、薪金所得

应纳税所得额为：每月收入额减除费用3500元后的余额。

工资、薪金所得应交纳个人所得税的计算公式为：

应纳税额=（工资、薪金所得－费用扣除标准）×适用税率－速算扣除额

（二）个体工商户的生产、经营所得

应纳税所得额为：每一纳税年度的收入总额，减除成本、费用以及损失后的余额。成本、费用是指纳税义务人从事生产、经营所发生的各项直接支出和分配计入成本的间接费用以及销售费用、管理费

用、财务费用；损失是指纳税义务人在生产、经营过程中发生的各项营业外支出。

个人所得税计算公式为：

应纳税额=（全年收入总额－成本、费用、损失）×适用税率－速算扣除额

（三）企事业单位的承包经营、承租经营所得

应纳税所得额为：每一纳税年度的收入总额，减除必要费用后的余额。

（四）劳务报酬所得、稿酬所得、特许权使用费所得、财产租赁所得

应纳税所得额为：每次收入不超过4 000元的，减除费用800元；4 000元以上的，减除20%的费用。

1. 劳务报酬所得应纳税额的计算方法为：

（1）每次劳务所得不足4 000元的

应纳税额=（每次所得额－800）×20%

（2）每次劳务所得超过4 000（含4 000）元的

应纳税额=每次所得额×（1－20%）×20%

（3）每次劳务所得的应纳税所得额超过20 000元的

应纳税额=每次所得额×（1－20%）×适用税率－速算扣除额

劳务报酬所得，属于一次性收入的，以取得该项收入为一次；属于同一项目连续性收入的，以一个月内取得的收入为一次。

速算扣除额的速算扣除方法如表7-3所示。

表7-3 劳务报酬应纳税所得额超过20 000元的适用税率及速算扣除额

应纳税所得额	适用税率	速算扣除额
不超过20 000元的	20%	0
20 000元至50 000元的	30%	2000
50 000元以上的	40%	7000

2. 稿酬所得应纳税额的计算方法如下。

（1）每次稿酬所得不足4 000元的：

应纳税额=（每次稿酬所得－800）×20%×（1－30%）

（2）每次稿酬所得在4000元以上的：

应纳税额=每次稿酬所得×（1－20%）×20%×（1－30%）

稿酬所得，以每次出版、发表取得的收入为一次。

3. 特许权使用费所得应纳税额的计算方法如下。

（1）每次所得不足4 000元的：

应纳税额=（每次所得额－800）×20%

（2）每次所得超过4 000（含4 000）元的：

应纳税额=每次所得额×（1－20%）×20%

特许权使用费所得，以一项特许权的一次许可使用所取得的收入为一次。

4. 财产租赁所得应纳税额的计算方法如下。

（1）每次或每月收入不超过4000元：

应纳税额=（每次取得的财产租赁收入–准予扣除费用–修缮费用）×20%

（2）每次或每月收入超过4000元：

应纳税额=（每次取得的财产租赁收入–准予扣除费用–修缮费用）×（1－20%）×20%

允许扣除的修缮费用以每次800元为限，一次没有扣除完的，可以在下次继续扣除，直到扣完为止。

财产租赁所得，以一个月内取得的收入为一次。

（五）财产转让所得

应纳税所得额为转让财产的收入额减除财产原值和合理费用后的余额。财产原值具体规定为：

（1）有价证券，其原值为买入价以及买入时按照规定交纳的有关费用。

（2）建筑物，其原值为建造费或者购进价格以及其他有关费用。

（3）土地使用权，其原值为取得土地使用权所支付的金额、开发土地的费用以及其他有关费用。

（4）机器设备、车船，其原值为购进价格、运输费、安装费以及其他有关费用。

（5）其他财产，其原值参照以上方法确定。若纳税义务人未提供完整、准确的财产原值凭证，不能正确计算财产原值的，由主管税务机关核定其财产原值。

财产转让所得个人所得税的计算方法为：

应纳税额 =（每次收入额 – 财产原值 – 合理费用）× 20%

（六）利息、股息、红利所得，偶然所得和其他所得

应纳税额=每次收入额 × 20%

利息、股息、红利所得，以支付利息、股息、红利时取得的收入为一次；偶然所得，以每次取得该项收入为一次。

在计算个人所得税时，需要注意的一点是，对于两个或者两个以上的个人共同取得同一项目收入的，应当对每个人取得的收入分别按照税法规定减除费用后计算纳税。

四、免交个人所得税的项目

根据《个人所得税法》的规定，以下项目可以免交个人所得税。

（一）省级人民政府、国务院部委和中国人民解放军军以上单位，以及外国组织、国际组织颁发的科学、教育、技术、文化、卫生、体育、环境保护等方面的奖金

（二）国债利息和国家发行的金融债券利息

国债利息是指个人持有我国财政部发行的债券而取得的利息；国家发行的金融债券利息是指个人持有经国务院批准发行的金融债券而取得的利息。

（三）按照国家统一规定发给的补贴、津贴

它是指按照国务院规定发给的政府特殊津贴、院士津贴、资深院士津贴，以及国务院规定免纳个人所得税的其他补贴、津贴。

（四）福利费、抚恤金、救济金

福利费是指根据国家有关规定，从企业、事业单位、国家机关、社

会团体提留的福利费或者工会经费中支付给个人的生活补助费；救济金是指各级人民政府民政部门支付给个人的生活困难补助费。

（五）保险赔款

（六）军人的转业费、复员费

（七）按照国家统一规定发给干部、职工的安家费、退职费、退休工资、离休工资、离休生活补助费

（八）依照我国有关法律规定应予免税的各国驻华使馆、领事馆的外交代表、领事官员和其他人员的所得

这一项所称的所得，是指依照《中华人民共和国外交特权与豁免条例》和《中华人民共和国领事特权与豁免条例》规定免税的所得。

（九）中国政府参加的国际公约、签订的协议中规定免税的所得

（十）经国务院财政部门批准免税的所得

五、可以争取减征的个人所得税

根据《个人所得税法》的规定，经批准后，下列所得可以减征个人所得税：

（1）残疾、孤老人员和烈属的所得；

（2）因严重自然灾害造成重大损失的；

（3）其他经国务院财政部门批准减税的。

以上项目的减征幅度和期限由省、自治区、直辖市人民政府规定。

六、个人所得税的一般账务处理

（1）企业代扣职工个人所得税时。

借：应付职工薪酬

　　贷：应交税费-应交个人所得税

（2）实际代职工交纳个人所得税时。

借：应交税费-应交个人所得税

贷：银行存款

七、个人所得税的纳税申报与税款的缴纳

个人所得税以所得人为纳税义务人，以支付所得的单位或者个人为扣缴义务人。不管是扣缴义务人每月所扣的税款，还是自行申报纳税人每月应纳的税款，都应当在次月七日内缴入国库，并向税务机关报送纳税申报表。具体方法如下。

（一）工资、薪金所得应纳的税款

工资、薪金所得应纳的税款，按月计征，由扣缴义务人或者纳税义务人在次月七日内缴入国库，并向税务机关报送纳税申报表。

特定行业的工资、薪金所得应纳的税款，可以实行按年计算、分月预缴的方式计征，具体办法由国务院规定。

（二）个体工商户的生产、经营所得应纳的税款

个体工商户的生产、经营所得应纳的税款，按年计算，分月预缴，由纳税义务人在次月七日内预缴，年度终了后三个月内汇算清缴，多退少补。

（三）企事业单位的承包经营、承租经营所得应纳的税款

对企事业单位的承包经营、承租经营所得应纳的税款，按年计算，由纳税义务人在年度终了后三十日内缴入国库，并向税务机关报送纳税申报表。

纳税义务人在一年内分次取得承包经营、承租经营所得的，应当在取得每次所得后的十五日内预缴，年度终了后三个月内汇算清缴，多退少补。

（四）个人所得税纳税申报表

个人所得税纳税申报表如表7-4所示，个人所得税代扣纳税申报表及附表如表7-5，表7-6所示。

表7-4　适用于年所得12万元以上的个人所得税纳税申报表

个人所得税纳税申报表

（适用于年所得12万元以上的纳税人申报）

所得年份：　年　　　　填表日期：　年　月　日

金额单位：　人民币元（列至角分）

<table>
<tr><td>纳税人姓名</td><td></td><td>国籍(地区)</td><td></td><td>身份证照类型</td><td></td><td>身份证照号码</td><td colspan="4"></td></tr>
<tr><td>任职、受雇单位</td><td></td><td>任职受雇单位税务代码</td><td></td><td>任职受雇单位所属行业</td><td></td><td>职务</td><td></td><td>职业</td><td colspan="2"></td></tr>
<tr><td>在华天数</td><td></td><td>境内有效联系地址</td><td colspan="3"></td><td>境内有效联系地址邮编</td><td></td><td>联系电话</td><td colspan="2"></td></tr>
<tr><td>此行由取得经营所得的纳税人填写</td><td>经营单位纳税人识别号</td><td colspan="4"></td><td>经营单位纳税人名称</td><td colspan="4"></td></tr>
</table>

<table>
<tr><td rowspan="2">所得项目</td><td colspan="3">年所得额</td><td rowspan="2">应纳税所得额</td><td rowspan="2">应纳税额</td><td rowspan="2">已缴（扣）税额</td><td rowspan="2">抵扣税额</td><td rowspan="2">减免税额</td><td rowspan="2">应补税额</td><td rowspan="2">应退税额</td><td rowspan="2">备注</td></tr>
<tr><td>境内</td><td>境外</td><td>合计</td></tr>
<tr><td>1.工资、薪金所得</td><td></td><td></td><td></td><td></td><td></td><td></td><td></td><td></td><td></td><td></td><td></td></tr>
<tr><td>2.个体工商户的生产、经营所得</td><td></td><td></td><td></td><td></td><td></td><td></td><td></td><td></td><td></td><td></td><td></td></tr>
<tr><td>3.对企事业单位的承包经营、承租经营所得</td><td></td><td></td><td></td><td></td><td></td><td></td><td></td><td></td><td></td><td></td><td></td></tr>
<tr><td>4.劳务报酬所得</td><td></td><td></td><td></td><td></td><td></td><td></td><td></td><td></td><td></td><td></td><td></td></tr>
<tr><td>5.稿酬所得</td><td></td><td></td><td></td><td></td><td></td><td></td><td></td><td></td><td></td><td></td><td></td></tr>
<tr><td>6.特许权使用费所得</td><td></td><td></td><td></td><td></td><td></td><td></td><td></td><td></td><td></td><td></td><td></td></tr>
</table>

续　表

7.利息、股息、红利所得											
8.财产租赁所得											
9.财产转让所得											
其中：股票转让所得				—	—	—	—	—	—	—	
个人房屋转让所得											
10、偶然所得											
11、其他所得											
合　计											
我声明，此纳税申报表是根据《中华人民共和国个人所得税法》及有关法律、法规的规定填报的，我保证它是真实的、可靠的、完整的。 纳税人签字：											
代理人(签章):									联系电话:		

税务机关受理人签字：　　　　税务机关受理时间：　　年　月　日　　　　受理申报税务机关名称（盖章）：

表7-5　个人所得税代扣纳税申报表

扣缴个人所得税报告表

扣缴义务人编码：

扣缴义务人名称（公章）：

金额单位：元（列至角分）

填表日期：　　年　　月　　日

序号	纳税人姓名	身份证照类型	身份证照号码	国籍	所得项目	所得期间	收入额	免税收入额	允许扣除的税费	费用扣除标准	准予扣除的捐赠额	应纳税所得额	税率%	速算扣除数	应扣税额	已扣税额	备注
1	2	3	4	5	6	7	8	9	10	11	12	13	14	15	16	17	18

续 表

合计										—	—	—	—	—			

扣缴义务人声明	我声明：此扣缴报告表是根据国家税收法律、法规的规定填报的，我确定它是真实的、可靠的、完整的。 声明人签字：

会计主管签字：　　负责人签字：　　扣缴单位（或法定代表人）（签章）：

受理人（签章）：　　受理日期：　年　月　日　　受理税务机关（章）：

表7-6　个人所得税代扣纳税申报表附表

支付个人收入明细表

扣缴义务人编码：□□□□□□□□□□□□□□□□□□□□

扣缴义务人名称（公章）：　　　　　　　　　　金额单位：元（列至角分）

所属期：　年　月　日至　年　月　日　　　　　填表日期：　年　月　日

姓名	身份证照类型及号码	收入额						备注
		合计	工资薪金所得	承包、承租所得	劳务报酬所得	利息、股息、红利所得	其他各项所得	
1	2	3	4	5	6	7	8	9
合 计								

制表人：　　　　　　　　　　　　　　审核人：

（五）我国境外取得所得应纳税的税款

从中国境外取得所得的纳税义务人，应当在年度终了后三十日内，将应纳的税款缴入国库，并向税务机关报送纳税申报表。

第二节 个人所得税的计算

一、月工资、薪金所得的个人所得税的计算

【例7-1】顾小玲2012年1月份工资为6 000元，应由个人负担的社会保险费金额为660元，其1月份交纳多少个人所得税？

应纳税额=（6 000－660－3 500）×10%－105=79（元）

现行税法规定，个人月工资超过3 500元的应交纳个人所得税。在本案例中，顾小玲1月份的实际所得为5 340（6 000－660）元，超过了个人所得税征税起点3 500元，因此需要交纳个人所得税。超过金额为1 840元（5 340－3 500）元，对照工资、薪金所得税税率表可知，其个人所得税的适用税率为10%，速算扣除额为105元。

二、外籍专家工资、薪金的个人所得税的计算

【例7-2】迈克是甲企业顾用的美籍专家， 2012年1月份工资所得为12 000元，那么当月迈克应交纳多少个人所得税？

应纳税额=（12 000－3 500－1 300）×20%－555=885（元）

根据规定，应聘在中国境内的企业、事业单位、社会团体、国家机关中工作的外籍专家，其工资、薪金所得允许在减除3500元费用的基础上，再减除1300元的费用计算其应交纳的个人所得税。在本案例中，迈克应纳税所得额为7 200（12 000－2 000－2 800）元，对照工资、薪

金所得税税率表可知，其个人所得税的适用税率为20%，速算扣除额为555元。

三、获得全年一次性奖金时个人所得税的计算

【例7-3】张三2011年12月份应领的全年一次性奖金为15 000元，12月份工资为4 400元；李四2011年12月份应领的全年一次性奖金也为15 000元，其12月份工资为2 800元。那么张四和李四12月份各自应缴纳多少个人所得税？

（1）计算张三12月份应交纳的个人所得税：

张三12月份工资应交纳个人所得税=（4 400－3 500）×3%=27（元）

张三全年一次性奖金适用的个人所得税税率为3%，因为1 250（15 000÷12）元对应的适用税率为3%。全年一次性奖金应交纳个人所得税为：15 000×3%=450（元）

因此，张三12月份共应交纳的个人所得税为477（27+450）元。

（2）计算李四12月份应交纳的个人所得税：

李四12月份工资没有达到交纳个人所得税的标准，无需交纳个人所得税。

李四全年一次性奖金适用的个人所得税税率为3%，因为[15 000－（3 500－2 800）]÷12=1191.67元，没有超过1500元，对应的适用税率为3%。那么，李四全年一次性资金应交纳个人所得税为：[15 000－（2 000－1 800）]×3%=429（元）

因此，李四12月份共需交纳个人所得税为429元。

全年一次性奖金是指行政机关、企事业单位等扣缴义务人根据其全年经济效益和对雇员全年工作业绩的综合考核情况，向雇员发放的一次性奖金。根据国税发[2005]9号《国家税务总局关于调整个人取得全年一次性奖金等计算征收个人所得税方法问题的通知》的规定，纳税人取得

全年一次性奖金，单独作为一个月工资、薪金所得计算纳税，具体计算方法为：

（1）先将雇员当月内取得的全年一次性奖金，除以12个月，按其商数确定适用税率和速算扣除数。

如果在发放年终一次性奖金的当月，雇员当月工资薪金所得低于税法规定的费用扣除额，应将全年一次性奖金减除“雇员当月工资薪金所得与费用扣除额的差额”后的余额，按上述办法确定全年一次性奖金的适用税率和速算扣除数。

（2）将雇员个人当月内取得的全年一次性奖金，上述方法确定的适用税率和速算扣除数计算征税，计算公式如下。

①如果雇员当月工资薪金所得高于（或等于）税法规定的费用扣除额的，适用公式为：

应纳税额=雇员当月取得全年一次性奖金×适用税率-速算扣除数

②如果雇员当月工资薪金所得低于税法规定的费用扣除额的，适用公式为：

应纳税额=(雇员当月取得全年一次性奖金-雇员当月工资薪金所得与费用扣除额的差额)×适用税率-速算扣除数

四、个人从两处以上取得工资、薪金时个人所得税的计算

【例7-4】王芳受雇于甲、乙两家公司，2012年5月份甲公司支付的工资为2 500元，乙公司支付的工资为2 800元。那么王芳5月份应交纳多少个人所得税？

甲、乙两家公司在支付王芳工资时，由于其工资没有达到个人所得税的起点，因此两家公司都没有代扣代缴其个人所得税。王芳应在次月到税务机关主动申报纳税，应纳税额为：

个人所得税应纳税额=[（2 500+2 800）－3 500]×10%－105=75

（元）

自2011年9月1日起，个人所得税工资、薪金所得减除费用标准从每月2 000元已提高到每月3 500元。根据《个人所得税法》及《个人所得税法实施条例》的相关规定，对个人在中国境内两处或两处以上取得工资、薪金所得，应将所得合并计算交纳个人所得税。

五、内退人员取得一次性收入时个人所得税的计算

【例7-5】由于企业改制，王二属于内部退养人员，其在2012年5月份办理退养手续时取得一次性收入39 600元，领取5月份工资2 400元。王二离正式退休的时间还有18个月。王二5月份应交纳多少个人所得税？

一次性收入按18个月计算时的平均工资=39 600 ÷ 18=2 200（元）

5月份个人所得税适用税率的确定：2 200+2 400 – 3 500=1 100元，由于计算结果未超过1500元，因此适用税率为3%，其5月份个人所得税应纳税额为：

应纳税额=（2 400+39 600 – 3 500）× 3%=1 155（元）

国税发[1999]58号《国家税务总局关于个人所得税有关政策问题的通知》中“关于企业减员增效和行政、事业单位、社会团体在机构改革过程中实行内部退养办法人员取得收入征税问题”规定：实行内部退养的个人在其办理内部退养手续后至法定离退休年龄之间从原任职单位取得的工资、薪金，不属于离退休工资，应按“工资、薪金所得”项目计征个人所得税。个人在办理内部退养手续后从原任职单位取得的一次性收入，应按办理内部退养手续后至法定离退休年龄之间的所属月份进行平均，并与领取当月的“工资、薪金”所得合并后减除当月费用扣除标准，以余额为基数确定适用税率，再将当月工资、薪金加上取得的一次性收入，减去费用扣除标准，按适用税率计征个人所得税。

个人如果在办理内部退养手续后至法定离退休年龄之间重新就业

取得的“工资、薪金”所得，应与其从原任职单位取得的同一月份的“工资、薪金”所得合并，并依法自行向主管税务机关申报缴纳个人所得税。

六、个人取得一次性经济补偿收入时个人所得税的计算

【例7-6】由于改制的原因，张海涛2012年5月份与曾经工作了10年的公司解除了劳动关系，公司按规定支付给他一次性补偿金180 000元。已知张海涛工作所在城市的上一年职工的平均工资为41 500元，那么5月份张海涛应交纳多少个人所得税？

准予扣除的费用=41 500×3=124 500（元）

5月份个人所得税应纳税所得额=（180 000－124 500）÷10－3 500=2 050（元）

张海涛个人所得税适用税率为10%，其5月份应纳税额为：

应纳税额=2 050×10%－105=100（元）

根据《国家税务总局关于个人因解除劳动合同取得经济补偿金征收个人所得税问题的通知》等相关规定，凡企业在改组、改制或减员增效过程中解除职工劳动合同及因其他原因辞退雇员而支付给被解聘职工（或被辞退雇员）的一次性经济补偿金，被解聘或被辞退员工取得的一次性经济补偿收入的个人所得税的计算方法为，以个人取得的一次性经济补偿收入，除以个人在本企业的工作年限数，以其商数作为个人的月工资、薪金收入，其收入在当地上年职工年平均工资的3倍数额内，免征个人所得税；超过部分，应作为计税收入，按工资薪金所得项目计征个人所得税。在本企业的工作年限数按实际工作年限数计算，超过12年的按12年计算。

根据相关规定，凡是企业自行辞职人员取得的一次性经济补偿收入，以原每月工资、薪金收入总额为标准，划分为若干月份的工资、薪金收入后，计算个人所得税的应纳税所得额及税额。但按上述方法划分超过了6个月工资、薪金收入的，应按6个月平均划分计算。

七、个体工商户的生产、经营所得应纳税额的计算

【例7-7】某个体工商户2012年全年收入总额为98 000元，税务部门认定的成本及费用额为38 000元。那么该体工商户2012年应交纳多少个人所得税？

应纳税额=应纳税所得额（全年收入总额－成本、费用、损失）×适用税率－速算扣除额=（98 000－38 000）×30%－9 750=8 250（元）

八、与企业事业单位的承包经营、承租经营所得应纳税额的计算

【例7-8】李小英2012年1月份与某事业单位签订了一份承包旅馆的承包合同，合同规定：承包期限为5年，每年上交事业单位承包费用18 000元。2012年李小英承包旅馆取得了98 000元的经营利润。那么2012年李小项应交纳多少个人所得税？

与企业事业单位的承包经营、承租经营取得的收入应交纳的个人所得税的计算方法为：

应纳税额=（当年的收入总额－相关费用）×适用税率－速算扣除额=[（98 000－18 000）－3 500×12]×10%－750=3 550（元）

九、取得稿酬时个人所得税的计算

【例7-9】美女作家李红红5月份取得两笔收入：一笔稿酬收入为8 000元，一笔稿酬收入为3 800元。其5月份应交纳多少个人所得税？

1. 8 000元稿酬收入应纳税额

应纳税额=8 000×（1－20%）×20%×（1－30%）=896（元）

2. 3 800元稿酬收入应纳税额

应纳税额=（8 000－800）×20%×（1－30%）=1 008（元）

十、取得特许权使用费所得时应纳税额的计算

【例7-10】张美晴将个人著作权的使用权转让后取得收入6 000元，对于这项收入其应交纳多少个人所得税？

应纳税额=6 000×（1－20%）×20%=960（元）

十一、取得财产租赁所得时应纳税额的计算

【例7-11】王小英将自家的住房出租，3月份取得租金收入5 000元，当月发生修理费用900元，取得维修部门开据的正式收据。3月份王小英租金收入应交纳多少个人所得税？

应纳税额=（5 000－800）×（1－20%）×10%=336（元）

根据相关规定，财产租赁所得税的适用税率为20%，但是对于个人按市场价格出租的居民住房取得的所得，从2001年1月1日是起暂减按10%的税率征收个人所得税。

允许扣除的修缮费用以每次800元为限，因此，在本案例中虽然发生了900元的修理费用，但当月只能扣除800元，还有100元的费用可在下次扣除。

十二、取得财产转让所得时应纳税额的计算

【例7-12】王小红5月份将一套商品房转让，取得收入500 000元，支付相关税费27 500元。已知购进该商品房时支付了350 000元的价款。王小红转让该套商品房应交纳多少个人所得税？

应纳税额=（500 000–27 500－350 000）×20%=24 500（元）

十三、取得红利所得时应纳税额的计算

【例7-13】李小海3月份取得股份公司发放的现金红利5 000元，对于这笔收入其应交纳多少个人所得税？

应纳税额=5 000×20%=1 000（元）

十四、取得偶然所得时应纳税额的计算

【例7-14】张明明5月份购买福利彩票而取得中奖所得5 000 000元，对于这笔中奖所得其应交纳多少个人所得税？

应纳税额=5 000 000×20%=1 000 000（元）

根据《税务总局关于社会福利有奖募捐发行收入税收问题的通知》的相关规定，对个人购买社会福利有奖募捐奖券一次中奖收入不超过10000元的暂免征收个人所得税，对一次中奖收入超过10000元的，应按税法规定全额征税。

第八章

土地增值税要理解好

——土地增值税实务

第一节 土地增值税基础知识

土地增值税是对转让国有土地使用权、地上的建筑物及其附着物并取得收入的单位和个人征收的一种税。

一、土地增值税的纳税义务人

土地增值税的纳税义务人为转让国有土地使用权、地上的建筑物及其附着物并取得收入（包括货币收入、实物收入和其他收入）的个人和各类企业单位、事业单位、国家机关和社会团体及其他组织。

二、土地增值税的税率及其应纳税额的计算

土地增值税实行四级超率累进税率，计算土地增值税税额是按增值额乘以适用的税率，再减去扣除项目金额乘以速算扣除系数得出的金额，具体计算方法如下。

（1）增值额没有超过扣除项目金额50%的部分，税率为30%，具体计算公式为：

应纳税额＝增值额×30%

（2）增值额超过扣除项目金额50%但未超过100%的部分，税率为40%，具体计算公式为：

应纳税额＝增值额×40%－扣除项目金额×5%

（3）增值额超过扣除项目金额100%但未超过200%的部分，税率为50%，具体计算公式为：

应纳税额＝增值额×50%－扣除项目金额×15%

（4）增值额超过扣除项目金额200%的部分，税率为60%，具体计算公式为：

应纳税额 = 增值额 × 60% − 扣除项目金额 × 35%

三、土地增值额扣除项目

土地增值额扣除项目，包括以下几方面，如图8-1所示。

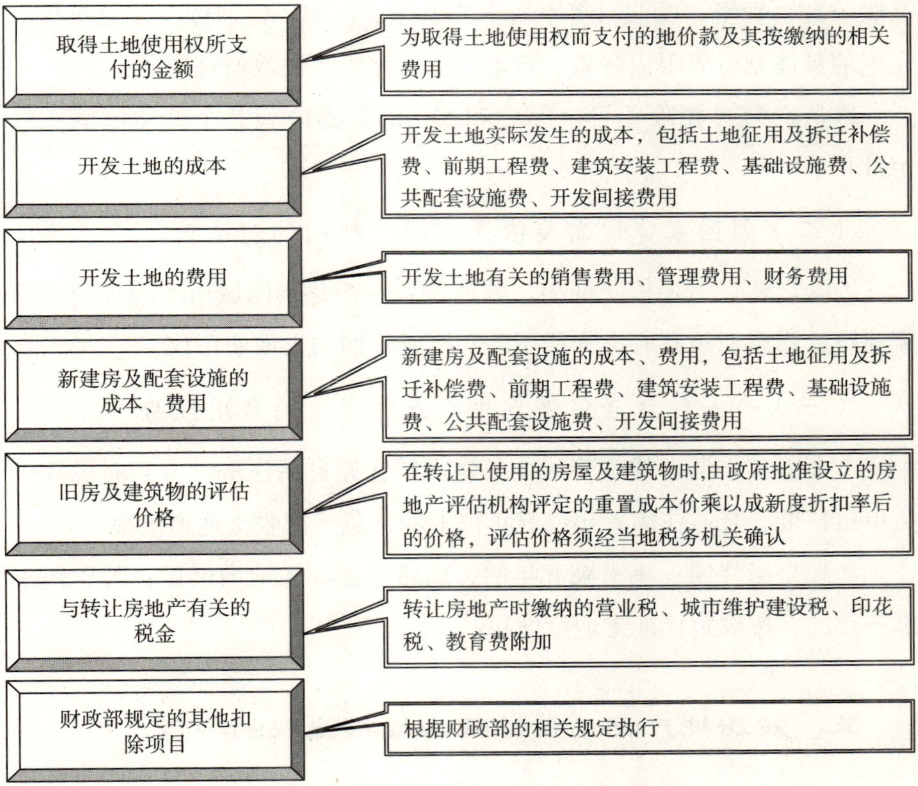

图8-1　土地增值扣除项目的范围

从事房地产开发的纳税人，可在按规定计算出土地增值额后，按增值额加计20%的金额扣除。

四、免征土地增值税的项目

根据《土地增值税暂行条例》的规定，有下列情形之一的免征土地增值税。

（一）纳税人建造普通标准住宅出售，增值额未超过扣除项目金额20％的

普通标准住宅,是指按所在地一般民用住宅标准建造的居住用住宅，高级公寓、别墅、度假村等不属于普通标准住宅。普通标准住宅与其他住宅的具体划分界限由各省、自治区、直辖市人民政府规定。

增值额超过扣除项目金额之和20%的，则应就其全部增值额按规定计税。

（二）因国家建设需要依法征用、收回的房地产

因国家建设需要依法征用、收回的房地产是指因城市实施规划、国家建设的需要而被政府批准征用的房产或收回的土地使用权。

（三）个人转让居住满五年或五年以上的自用住房

个人因工作调动或改善居住条件而转让原自用住房主，经向税务机关申报核准，凡居住满五年或五年以上的，免予征收土地增值税。

如果是居住满三年未满五年的，则减半征收土地增值税；若居住未满三年的，按规定计征土地增值税。

五、按房地产评估价计征土地增值税的项目

根据《土地增值税暂行条例》的规定，纳税人存在下列情形之一的应按照房地产评估价格计算征收土地增值税。

（一）隐瞒、虚报房地产成交价格的

隐瞒、虚报房地产成交价格是指纳税人不报或有意低报转让土地使用权、地上建筑物及其附着物价款的行为。在这种情况下，由评估机构

参照同类房地产的市场交易价格进行评估，根据评估价格来确定转让房地产的收入。

（二）提供扣除项目金额不实的

提供扣除项目金额不实的，指纳税人在纳税申报时不据实提供扣除项目金额的行为。在这种情况下，由评估机构按照房屋重置成本价乘以成新度折扣率计算的房屋成本价和取得土地使用权时的基准地价进行评估，根据评估价格确定来扣除项目金额。

（三）转让房地产的成交价格低于房地产评估价格，又无正当理由的

转让房地产的成交价格低于房地产评估价格，又无正当理由,是指纳税人申报的转让房地产的实际成交价低于房地产评估机构评定的交易价，纳税人又不能提供凭据或无正当理由的行为。在这种情况下，税务机关将参照房地产评估价格来确定纳税人转让房地产的收入。

六、土地增值税的一般账务处理

（1）计算应交纳的土地增值税时。

借：营业税金及附加

　　贷：应交税费–应交土地增值税

（2）实际交纳土地增值税时。

借：应交税费–应交土地增值税

　　贷：银行存款

七、土地增值税的征收

根据《土地增值税暂行条例》及其实施细则的相关规定，土地增值税的申报与缴纳方法如下。

（1）土地增值税由税务机关征收，纳税人应当自转让房地产合同签订之日起七日内向房地产所在地主管税务机关办理纳税申报，并在税务机关核定的期限内缴纳土地增值税。

（2）纳税人因经常发生房地产转让而难以在每次转让后申报的，经税务机关审核同意后可以定期进行纳税申报，具体期限由税务机关根据情况确定。

（3）纳税人在项目全部竣工结算前转让房地产取得的收入，由于涉及成本确定或其他原因而无法据以计算土地增值税的，可以预征土地增值税，待该项目全部竣工，办理结算后再进行清算，多退少补，具体办法由各省、自治区、直辖市地方税务局根据当地情况制定。

土地增值税纳税申报表的格式如表8-1至表8-3所示。

表8-1 土地增值税项目登记表

土地增值税项目登记表

（从事房地产开发的纳税人适用）

填表日期：　年　月　日

纳税人编码：　　　　金额单位：人民币元　　　　面积单位：平方米

纳税人名称		项目名称		项目地址	
业　　别		经济性质		主管部门	
开户银行		银行账号			
地　　址		邮政编码		电话	
土地使用权受让（行政划拨）合同号		受让（行政划拨）时间			
建设项目起讫时间		总预算成本		单位预算成本	
项目详细座落地点					
开发土地总面积		开发建筑总面积		房地产转让合同名称	
转让土地面积（按次填写）		转让建筑面积（按次填写）		转让合同签订日期（按次填写）	
第1次					
第2次					
……					

续　表

纳税人盖　章		法人代表签　章		经办人员（代理申报人）签章		备注	

（以下部分由主管税务机关负责填写）

税务机关受理登记日期		税务机关受理登记意见
主管税务人员签字		
主管税务机关盖章		

表8-2　从事房地产开发的纳税人适用的土地增值税纳税申报表

土地增值税纳税申报表（一）

（从事房地产开发的纳税人适用）

税款所属时间：　年　月　日　　　　填表日期：　年　月　日

纳税人编码：　　　　金额单位：人民币元

纳税人名称			项目名称		项目地址	
业　　别		经济性质		纳税人地址	邮政编码	
开户银行		银行账号		主管部门	电　　话	

项　　　目		行次	金　　额
一、转让房地产收入总额　1＝2＋3		1	
其中	货币收入	2	
	实物收入及其他收入	3	
二、扣除项目金额合计　4＝5＋6＋13＋16＋20		4	
1. 取得土地使用权所支付的金额		5	
2. 房地产开发成本　6＝7＋8＋9＋10＋11＋12		6	
其中	土地征用及拆迁补偿费	7	
	前期工程费	8	
	建筑安装工程费	9	
	基础设施费	10	
	公共配套设施费	11	
	开发间接费用	12	
3. 房地产开发费用　13＝14＋15		13	

续　表

其中	利息支出　interest	14	
	其他房地产开发费用	15	
4. 与转让房地产有关的税金等　16 = 17 + 18 + 19		16	
其中	营业税	17	
	城市维护建设税	18	
	教育费附加	19	
5. 财政部规定的其他扣除项目		20	
三、增值额　21 = 1 − 4		21	
四、增值额与扣除项目金额之比（%）22 = 21 ÷ 4		22	
五、适用税率（%）		23	
六、速算扣除系数（%）		24	
七、应缴土地增值税税额　25 = 21 × 23 − 4 × 24		25	
八、已缴土地增值税税额		26	
九、应补（退）土地增值税税额　27 = 25 − 26		27	

授权代理人	（如果你已委托代理申报人，请填写下列资料）为代理一切税务事宜，现授权______（地址）______为本纳税人的代理申报人，任何与本报表有关的来往文件都可寄与此人。 授权人签字：__________	声明	我声明：此纳税申报表是根据《中华人民共和国土地增值税暂行条例》及其《实施细则》的规定填报的；我确信它是真实的、可靠的、完整的。 声明人签字：__________

纳税人签章		法人代表签章		经办人员（代理申报人）签章		备注	

（以下部分由主管税务机关负责填写）

主管税务机关收到日期		接收人		审核日期		税务审核人员签章	
审核记录						主管税务机关盖章	

表8-3　非从事房地产开发的纳税人适用的土地增值税纳税申报表

土地增值税纳税申报表（一）

（非从事房地产开发的纳税人适用）

税款所属时间：　年　月　日　　　　填表日期：　年　月　日
纳税人编码：　　　　　　　　　　　金额单位：人民币元

<table>
<tr><td>纳税人名称</td><td colspan="2"></td><td>项目名称</td><td colspan="2"></td><td>项目地址</td><td colspan="2"></td></tr>
<tr><td>业　别</td><td></td><td>经济性质</td><td></td><td>纳税人地址</td><td></td><td>邮政编码</td><td colspan="2"></td></tr>
<tr><td>开户银行</td><td></td><td>银行账号</td><td></td><td>主管部门</td><td></td><td>电　话</td><td colspan="2"></td></tr>
</table>

<table>
<tr><td colspan="2">项　目</td><td>行次</td><td>金　额</td></tr>
<tr><td colspan="2">一、转让房地产收入总额　1 = 2 + 3</td><td>1</td><td></td></tr>
<tr><td rowspan="2">其中</td><td>货币收入</td><td>2</td><td></td></tr>
<tr><td>实物收入及其他收入</td><td>3</td><td></td></tr>
<tr><td colspan="2">二、扣除项目金额合计 4 = 5 + 6 + 9</td><td>4</td><td></td></tr>
<tr><td colspan="2">1. 取得土地使用权所支付的金额</td><td>5</td><td></td></tr>
<tr><td colspan="2">2. 旧房及建筑物的评估价格 6 = 7 × 8</td><td>6</td><td></td></tr>
<tr><td rowspan="2">其中</td><td>旧房及建筑物的重置成本价</td><td>7</td><td></td></tr>
<tr><td>成新度折扣率</td><td>8</td><td></td></tr>
<tr><td colspan="2">4. 与转让房地产有关的税金等 9 = 10 + 11 + 12 + 13</td><td>9</td><td></td></tr>
<tr><td rowspan="4">其中</td><td>营业税</td><td>10</td><td></td></tr>
<tr><td>城市维护建设税</td><td>11</td><td></td></tr>
<tr><td>印花税</td><td>12</td><td></td></tr>
<tr><td>教育费附加</td><td>13</td><td></td></tr>
<tr><td colspan="2">三、增值额 14 = 1 − 4</td><td>14</td><td></td></tr>
<tr><td colspan="2">四、增值额与扣除项目金额之比（%）15 = 14 ÷ 4</td><td>15</td><td></td></tr>
<tr><td colspan="2">五、适用税率（%）</td><td>16</td><td></td></tr>
<tr><td colspan="2">六、速算扣除系数（%）</td><td>17</td><td></td></tr>
<tr><td colspan="2">七、应缴土地增值税税额 18 = 14 × 16 − 4 × 17</td><td>18</td><td></td></tr>
</table>

续 表

<table>
<tr><td>授权代理人</td><td colspan="3">（如果你已委托代理申报人，请填写下列资料）
为代理一切税务事宜，现授权______（地址）______为本纳税人的代理申报人，任何与本报表有关的来往文件都可寄与此人。
授权人签字：__________</td><td>声明</td><td colspan="3">我声明：此纳税申报表是根据《中华人民共和国土地增值税暂行条例》及其《实施细》的规定填报的，我确信它是真实的、可靠的、完整的。
声明人签字：__________</td></tr>
<tr><td>纳税人签章</td><td></td><td>法人代表签章</td><td></td><td>经办人员（代理申报人）签章</td><td></td><td>备注</td><td></td></tr>
</table>

（以下部分由主管税务机关负责填写）

<table>
<tr><td>主管税务机关收到日期</td><td></td><td>接收人</td><td></td><td>审核日期</td><td></td><td>税务审核人员签章</td><td></td></tr>
<tr><td>审核记录</td><td colspan="5"></td><td>主管税务机关盖章</td><td></td></tr>
</table>

第二节 土地增值税的计算

一、房地产开发企业土地增值税的计算

【例8-1】甲公司是家房地产开发公司，2010年转让办公楼一幢，取得转让收入20 000 000 元。开发该办公楼发生了下列成本、费用：支付地价款2 000 000元；开发成本为4 000 000元；负担的借款利息费用为500 000元（可按转让项目计算分摊并提供金融机构证明，且未超过按商业银行同类同期贷款利率计算的利息）；转让过程支付相关税费共计1 500 000元。已知甲公司所在地政府规定的房地产开发费用的扣除比例为10%。甲公司转让这幢办公楼应交纳多少土地增值税？

（1）土地增值额扣除项目的组成

甲公司转让的这幢办公楼允许扣除的项目由以下几部分组成：

①地价款：2 000 000元

②开发成本：4 000 000元

③开发费用：500 000+（2 000 000+4 000 000）×10%=1 100 000（元）

④相关税费：1 500 000元

⑤从事房地产开发的纳税人加计扣除20%：（2 000 000+4 000 000）×20%=1 200 000（元）

（2）转让办公楼允许扣除项目总额

扣除项目总额=2 000 000+4 000 000+1 100 000+1 500 000+1 200 000=9 800 000（元）

（3）增值额及增值率的计算

增值额=20 000 000－9 800 000=10 200 000（元）

增值率10 200 000÷9 800 000×100%=104.08%

（4）土地增值税应纳税额的计算

由于土地增值税的增值额超过扣除项目金额的100%，但未超过200%，因此适用的税率为50%，速算扣除系数为15%。

土地增值税应纳税额=10 200 000×50%－9 800 000×15%=3 630 000（元）

二、有利息支出时开发费用扣除的计算

【例8-2】乙公司2010年开发一幢住宅区时，支付地价款1 000 000元，支付住宅开发成本5 000 000元。为开发该住宅区向银行贷了一部分款，应支付贷款利息220 000元。已知这部分贷款利息能提供相关金融机构出示的证明，且没有超过按商业银行同类同期贷款计算的利息。那么开发这幢住宅区允许扣除的开发费用为多少？

可扣除的开发费用=220 000+（1 000 000+5 000 000）×5%=520 000（元）

根据《土地增值税暂行条例实施细则》的相关规定，开发费用内财务费用中的利息支出，只要能够按转让房地产的项目计算分摊并提供金融机构证明的，可以根据实际利息支出扣除，但扣除的利息支出最高不能超过按商业银行同类同期贷款利率计算的金额。其他房地产开发费用，可在取得土地使用权所支付的金额和房地产开发成本之和的5%以内计算扣除。如果无法按转让房地产项目计算分摊利息支出或不能提供金融机构证明的，房地产开发费用按取得土地使用权所支付的金额和房地产开发成本之和的10%以内计算扣除。

三、同时销售普通住宅与别墅时土地增值税的计算

【例8-3】丙房地产开发公司，2010年5月份销售商品房取得销售收入60 000 000元，会计上分开核算了销售收入的来源，其中：普通住宅销售收入为38 400 000元，普通住宅的税法认可的总成本为32 000 000元；别墅销售收入为21 600 000元，税法认可的总成本为16 000 000元。丙房地产开发公司5月份应交纳多少土地增值税？

（1）销售普通住宅应交土地增值税。

销售普通住宅增值额=38 400 000－32 000 000=6 400 000（元）

增值率=6 400 000÷32 000 000×100%=20%

根据相关规定，纳税人建造普通标准住宅出售，增值额未超过扣除项目金额20%的，免交土地增值税，因此，该公司出售普通住宅取得的收入不需要交纳土地增值税。

（2）销售别墅应交土地增值税。

销售别墅的增值额=21 600 000－16 000 000=5 600 000（元）

增值率=5 600 000÷16 000 000×100%=35%

应纳税额=5 600 000×30%=1 680 000（元）

根据相关规定，增值额没有超过扣除项目金额50%的部分，税率为30%。

在本案例中，纳税人销售普通住宅又销售别墅时，应分开核算增值额，以适用各自的适用税率，因为根据税法的相关规定：纳税人在建造普通住宅的同时，又建造其他类型房产的，应分别核算增值额，没有分别核算的，采用从高适用税率。

四、房地产捐赠土地增值税应纳税额的计算

【例8-4】丁公司将一套房产通过中国青少年发展基金会捐赠给一所希望工程小学，已知该房产的市场售价为800 000元，允许扣除项目金额总和为520 000元。那么这项捐赠活动，丁公司应交纳多少土地增值税？

丁公司的这项捐赠行为无需交纳土地增值税。

根据《土增增值税暂行条例实施细则》的相关规定，以赠与方式无偿转让房地产的行为不在土地增值税的缴纳范围。这里所指的赠与是指以下两种情况。

第一种情况：房产所有人、土地使用权所有人将房屋产权、土地使用权赠与直系亲属或承担直接赡养义务人的；

第二种情况：房产所有人、土地使用权所有人通过中国境内非营利的社会团体、国家机关将房屋产权、土地使用权赠与教育、民政和其他社会福利、公益事业的。这里的社会团体是指中国青少年发展基金会、希望工程基金会、宋庆龄基金会、减灾委员会、中国红十字会、中国残疾人联合会、全国老年基金会、老区促进会以及经民政部门批准成立的其他非营利的公益性组织。

除上述两种情况以外的其他形式的赠与应按有关规定征收土地增值税。

五、房地产继承时土地增值税应纳税额的计算

【例8-5】王二麻子在父亲过世后，依法继承其父亲名下的一处价值为500 000元的房产。王二麻子的继承行为需要交纳多少土地增值税？

王儿麻子的继承行为无需交纳土地增值税。

根据《土增增值税暂行条例实施细则》的相关规定，以继承方式无偿转让房地产的行为不在土地增值税的缴纳范围。这里所指的房地产继承是指房产的原产权所有人、依照法律规定取得土地使用权的土地使用人死亡以后，由其继承人依法继承死者房产产权和土地使用权的民事法律行为。

六、个人互换住房时土地增值税应纳税额的计算

【例8-6】张三为了工作的方便，将北京西路的一套价值为800 000元的住房与李四在建设路口的一套价值相当的住房进行交换。对于这种交换行为，张三应交纳多少土地增值税？

房地产交换是指当事人将各自拥有的房地产互相转移给对方的法律行为，这种行为由于发生了产权、土地使用权的转移，双方取得了实物形态的收入，因此，这种交换行为应按相关规定计算交纳土地增值税。但根据《财政部、国家税务总局关于土地增值税一些具体问题规定的通知》中的相关规定，对个人之间互换自有居住用房地产的，经当地税务机关核实，可以免征土地增值税。

七、以房地产进行投资、联营时土地增值税应纳税额的计算

【例8-7】李勇将一处价值为900 000元的房产在甲公司作价入股进行投资，其将该房产转让到甲公司时需要交纳多少土地增值税？

李勇将房产进行投资时无需交纳土地增值税。

根据《财政部、国家税务总局关于土地增值税一些具体问题规定的通知》中的相关规定，对于以房地产进行投资、联营的，投资、联营的一方以土地（房地产）作价入股进行投资或作为联营条件，将房地产转让到所投资、联营的企业中时，暂免征收土地增值税。对投资、联营企业将上述房地产再转让的，应征收土地增值税。

八、企业兼并转让房地产时土地增值税应纳税额的计算

【例8-8】A公司被B公司兼并后，将其所拥有的全部房地产转让到B公司，转让房产的总价值为2 000 000元。A公司在转让房产时应交纳多少土地增值税？

A公司将房产转让给B公司时无需交纳土地增值税。

根据《财政部、国家税务总局关于土地增值税一些具体问题规定的通知》中的相关规定，在企业兼并中，对被兼并企业将房地产转让到兼并企业中的，暂免征收土地增值税。

九、合作建房时土地增值税应纳税额的计算

【例8-9】甲公司与乙公司通过协议后，决定合作建造一幢十二层的办公楼，由甲方提供建造用的土地，由乙方提供建造所需的资金；建成后双层楼作为甲公司的办公楼，单层楼作为乙公司的经营场所。那么，这项合作建房的行为，甲、乙公司应交纳多少土地增值税？

甲公司与乙公司都无需交纳土地增值税。

根据《财政部、国家税务总局关于土地增值税一些具体问题规定的通知》中的相关规定，对于一方出地，一方出资金，双方合作建房，建成后按比例分房自用的，暂免征收土地增值税。若建成后进行转让的，则需要根据相关规定交纳土地增值税。

第九章

不同车船计税不同

——车船使用税实务

第一节 车船使用税基础知识

车船使用税是指对依法在车船管理部门登记的车辆和船舶征税的一种税。

一、车船使用税的纳税义务人

在我国境内的车辆、船舶的所有人或者管理人是车船税的纳税义务人。

二、车船使用税的税率

车船使用税的适用税率如下。

（一）载客汽车（包括电车）

载客汽车每年每辆的税额如下。

（1）大型客车（核定载客人数大于或者等于20人的载客汽车），每年税额幅度为480~660元。

（2）中型客车（核定载客人数大于9人且小于20人的载客汽车），每年税额幅度为420~660元。

（3）小型客车（核定载客人数小于或者等于9人的载客汽车），每年税额幅度为360~660元。

（4）微型客车（发动机气缸总排气量小于或者等于1升的载客汽车），每年税额幅度为60~480元。

（二）载货汽车（包括半挂牵引车、挂车）

载货汽车每年应纳税额按自重每吨计算，每年税额幅度为16~120元。

（三）客货两用汽车按照载货汽车的计税单位和税额标准

计征车船税。

（四）三轮汽车和低速货车

三轮汽车是指在车辆管理部门登记为三轮汽车或者三轮农用运输车的机动车。

低速货车，是指在车辆管理部门登记为低速货车或者四轮农用运输车的机动车。

三轮汽车和低速货车每年应纳税额按自重每吨计算，每年税额幅度为24~120元。

（五）摩托车

每年税额幅度为36~180元。

（六）船舶

船舶每年应纳税额按净吨位每吨计算，具体适用税额为：

（1）净吨位小于或者等于200吨的，每吨3元。

（2）净吨位201~2000吨的，每吨4元。

（3）净吨位2001~10000吨的，每吨5元。

（4）净吨位10001吨及其以上的，每吨6元。

拖船和非机动驳船分别按船舶税额的50%计算。

（七）专项作业车、轮式专用机械车

专项作业车，是指装置有专用设备或者器具，用于专项作业的机动车；轮式专用机械车是指具有装卸、挖掘、平整等设备的轮式自行机械。

专项作业车和轮式专用机械车的计税单位为自重每吨，每年税额为16~120元。

具体适用税额由省、自治区、直辖市人民政府参照载货汽车的税额标准在规定的幅度内确定。

根据《车船使用税暂行条例实施细则》的相关规定，以上核定载客人数、自重、净吨位、马力等计税标准，以车船管理部门核发的车船登记证书或者行驶证书相应项目所载数额为准。纳税人未按照规定到车船管理部门办理登记手续的，上述计税标准以车船出厂合格证明或者进口凭证相应项目所载数

额为准；不能提供车船出厂合格证明或者进口凭证的，由主管地方税务机关根据车船自身状况并参照同类车船核定。

三、车船税免征项目

根据《车船使用税暂行条例》及其实施细则的相关规定，下列车船免征车船使用税，如图9-1所示。

免征项目	说明
非机动车船（不包括非机动驳船）	非机动车，是指以人力或者畜力驱动的车辆，以及符合国家有关标准的残疾人机动轮椅车、电动自行车等车辆；非机动船是指自身没有动力装置，依靠外力驱动的船舶；非机动驳船是指在船舶管理部门登记为驳船的非机动船
拖拉机	农业（农业机械）部门登记为拖拉机的车辆
捕捞、养殖渔船	在渔业船舶管理部门登记为捕捞船或者养殖船的渔业船舶
军队、武警专用的车船	按照规定在军队、武警车船管理部门登记，并领取军用牌照、武警牌照的车船
警用车船	公安机关、国家安全机关、监狱、劳动教养管理机关和人民法院、人民检察院领取警用牌照的车辆和执行警务的专用船舶
已经缴纳船舶吨税的船舶	已经缴纳民船舶吨税的船舶
按规定应当予以免税的外国驻华使馆、领事馆和国际组织驻华机构及其有关人员的车船	《中华人民共和国外交特权与豁免条例》、《中华人民共和国领事特权与豁免条例》中规定的免税人员的车船

图9-1　车船税免征项目

四、车船使用税的一般账务处理

（一）计提车船使用税时

借：管理费用-车船使用税

贷：应交税费-应交车船使用税

（二）实际交纳车船使用税时

借：应交税费-应交车船使用税

贷：银行存款

五、车船使用税的申报与缴纳

（一）车船使用税纳税义务的发生时间

车船税的纳税义务发生时间，为车船管理部门核发的车船登记证书或者行驶证书所记载日期的当月。

（二）车船使用税的缴纳

车船税按年申报缴纳。具体申报纳税期限由省、自治区、直辖市人民政府确定。

车船使用税纳税申报表的格式如表9-1所示。

表9-1　车船使用税纳税申报表

车船使用税纳税申报表

填表日期：　年　月　日

纳税人识别号 | | | | | | | | | | | | | | |

金额单位：元（列至角分）

纳税人识别号					税款所属时期			
车船类别	计税标准	数量	单位税额	全年应纳税额	年缴纳次数	本期		
						应纳税额	已纳税额	应补（退）税额
1	2	3	4	5=3×4	6	7=5÷6	8	9=7-8
合计								
如纳税人填报，由纳税人填写以下各栏					如委托代理人填报，由代理人填写以下各栏			备注
会计主管（签章）		纳税人（公章）			代理人名称		代理人（公章）	
					代理人地址			
					经办人姓名		电话	
以下由税务机关填写								
收到申报表日期					接收人			

（三）车船使用税的纳税地点

车船税的纳税地点，由省、自治区、直辖市人民政府根据当地实际情况确定；跨省、自治区、直辖市使用的车船，纳税地点为车船的登记地。

第二节 车船使用税的计算

一、货车范围车船使用税的计算

【例9-1】甲运输公司2010年有小型客车5辆；载货汽车20辆，自重吨位为28吨；客货两用车2辆，自重吨位为4吨；挂车6辆，自重吨位为25吨。已知小型客车的年纳税额为每辆400元，载货车年纳税额为每吨30元，那么甲运输公司这年应交纳多少车船使用税？

小型客车应纳税额=5×400=2 000（元）

载货汽车应纳税额=20×28×30=16 800（元）

客货两用车应纳税额=2×4×30=240（元）

挂车应纳税额=6×25×30=4 500（元）

2010年应交车船使用税=2 000+16 800+240+4 500=23 540（元）

根据相关规定，客货两用汽车按载货汽车的计税单位和税额标准计征车船税；挂车属于载货车范围。

二、船舶车船使用税的计算

【例9-2】乙公司2010年拥有净吨位为1 500吨的货船15只，净吨位5 000吨的货船8只，160吨的拖船3只。乙公司2010年应交纳多少车船使用税？

净吨位1 500吨的货船应纳税额=15 × 1 500 × 4=90 000（元）

净吨位5 000吨的货船应纳税额=8 × 5 000 × 5=200 000（元）

拖船应纳税额=3 × 160 × 3 ÷ 2=720（元）

乙公司2010年应交车船使用税=90 000+200 000+720=290 720（元）

根据相关规定，拖船按船舶税额的50%计算。

三、有尾数时车船税的计算

【例9-3】丙运输公司2010年拥有载货汽车20辆，自重吨位为25.02吨；客货两用汽车5辆，自重吨位为3.58吨；净吨位1 500.42吨的货船15只；净吨位1 799.55吨的货船10只。已知载货车年纳税额为每吨30元，丙公司当年应交纳多少车船使用税？

货车应纳税额=20 × 25.5 × 30=15 300（元）

客货两用汽车应纳税额=5 × 4 × 30=600（元）

净吨位1 500.42吨货船应纳税额=1 500 × 15 × 4=90 000（元）

净吨位1 799.55吨货船应纳税额=1 800 × 10 × 4=72 000（元）

2010年应纳税额=15 300+600+90 000+72 000=177 900（元）

根据《增值税暂行条例实施细则》的规定，车辆自重尾数在0.5吨以下（含0.5吨）的，按照0.5吨计算；超过0.5吨的，按照1吨计算；船舶净吨位尾数在0.5吨以下（含0.5吨）的不予计算，超过0.5吨的按照1吨计算；1吨以下的小型车船，一律按照1吨计算。

第十章

印花税交纳有讲究

——印花税实务

第一节 印花税基础知识

印花税是指对经济活动和经济交往中书立、领受税法规定的应税凭证征收的一种税。

一、印花税纳税义务人

在我国书立、领受税法所列举凭证的国内各类企业、事业、机关、团体、部队以及中外合资企业、合作企业、外资企业、外国公司企业和其他经济组织及其在华机构等单位和个人是印花税的纳税义务人。

在实际工作中，对于应税凭证，当由两方或两方以上当事人共同书立的，双方当事人应就其所持凭证的计税金额计算各自应交纳的印花税，双方当事人都是印花税的纳税义务人。

二、印花税的税目与税率

应纳税凭证应当在合同的签订时、书据的立据时、账簿的启用时和证照的领受时贴花；同一凭证，由两方或者两方以上当事人签订并各执一份的，应当由各方就所执的一份各自全额贴花。根据《印花税暂行条例》的相关规定，当前我国印花税的税目、税率如表10–1所示。

表10–1 印花税税目、税率表

税　目	税　率	纳税义务人
购销合同	按购销金额万分之三贴花	立合同人
加工承揽合同	按加工或承揽收入万分之五贴花	立合同人
建设工程勘察设计合同	按收取费用万分之五贴花	立合同人
建筑安装工程承包合同	按承包金额万分之三贴花	立合同人
财产租赁合同	按租赁金额千分之一贴花，税额不足一元的按一元贴花	立合同人

续　表

货物运输合同	按运输费用万分之五贴花	立合同人
仓储保管合同	按仓储保管费用千分之一贴花	立合同人
借款合同	按借款金额万分之零点五贴花	立合同人
财产保险合同	按投保费千分之一贴花	立合同人
技术合同	按所载金额万分之三贴花	立合同人
产权转移书据	按所载金额万分之五贴花	立据人
营业账簿 生产经营用账册	按固定资产原值与自有流动资金总额万分之五贴花。其他账簿按件贴花五元	立账簿人
权利、许可证照	按件贴花五元	领受人

在实际工作中，需要注意的是，在货物运输合同中，单据作为合同使用的，按合同贴花；在仓储保管合同中，仓单或栈单作为合同使用的，按合同贴花；在借款合同中，单据作为合同使用的，按合同贴花；在财产保险合同中，单据作为合同使用的，按合同贴花。

会计人员应根据企业纳税凭证的性质，分别按比例税率或者按件定额计算应纳税额：应纳税额不足一角的，免纳印花税；应纳税额在一角以上的，其税额尾数不满五分的不计，满五分的按一角计算缴纳。

印花税票的票面金额以人民币为单位，分为壹角、贰角、伍角、壹元、贰元、伍元、拾元、伍拾元、壹百元九种。

三、免征印花税的项目

根据《印花税暂行条例》及其实施细则的相关规定，下列项目免纳印花税。

（1）已缴纳印化税的凭证副本或者抄本。这一项是指凭证的正式签署本已按规定缴纳了印花税，其副本或者抄本对外不发生权利义务关系，仅备存查的免贴印花。如果把副本或者抄本视同正本使用的，应另贴印花。

（2）财产所有人将财产赠给政府、社会福利单位、学校所立的书据。此项中的社会福利单位是指抚养孤老伤残的社会福利单位。

（3）经财政部批准免税的其他凭证，主要是指：

①国家指定的收购部门与村民委员会、农民个人书立的农副产品收购合同。

②无息、贴息贷款合同。

③外国政府或者国际金融组织向我国政府及国家金融机构提供优惠贷款所书立的合同。

四、印花税的一般账务处理

购买印花税时：

借：管理费用-印花税

贷：库存现金（或银行存款）

五、印花税的缴纳

印花税实行由纳税人根据规定自行计算应纳税额，购买并一次贴足印花税票的缴纳办法。印花税纳税申报表的格式如下。

表10-2 印花税纳税申报表的格式

印花税纳税申报表

填报日期：　　年　月　日　　　　　　　　申报流水号

纳税人税务登记号	□□□□□□□□□□□□□□□□□□	税款所属期	年　月　日至　年　月　日
纳税人电脑编码	□□□□□□□□□□□□□	纳税人分类码	

正常申报□ 自行补报□ 稽查自查申报□ 延期申报预缴□　　　　单位：元（列至角分）

纳税人名称（盖章）		注册地址			注册类型	
开户银行		账号		联系电话	邮政编码	
征收品目	计税金额（计税数量）	税率（单位税额）	应纳税额	购花数量		
				面额	数量（枚）	金额

续 表

<table>
<tr><td></td><td></td><td></td><td></td><td></td><td></td><td></td></tr>
<tr><td></td><td></td><td></td><td></td><td></td><td></td><td></td></tr>
<tr><td></td><td></td><td></td><td></td><td></td><td></td><td></td></tr>
<tr><td></td><td></td><td></td><td></td><td></td><td></td><td></td></tr>
<tr><td></td><td></td><td></td><td></td><td></td><td></td><td></td></tr>
<tr><td></td><td></td><td></td><td></td><td></td><td></td><td></td></tr>
<tr><td></td><td></td><td></td><td></td><td></td><td></td><td></td></tr>
<tr><td>合　计</td><td></td><td></td><td></td><td></td><td></td><td></td></tr>
<tr><td colspan="3">如纳税人填报，由纳税人填写以下各栏</td><td colspan="4">如委托税务代理机构填报，由税务代理机构填写以下各栏</td></tr>
<tr><td colspan="3">纳税人声明：此纳税申报表是根据国家税收法律的规定填报的，我确定它是真实的、可靠的、完整的。
声明人：</td><td colspan="4">代理人声明：此纳税申报表是根据国家税收法律的规定填报的，我确定它是真实的、可靠的、完整的。
声明人：</td></tr>
<tr><td>主管会计</td><td></td><td>经办人</td><td>税务代理机构名称（盖章）</td><td></td><td>经办人</td><td></td></tr>
<tr><td colspan="2">受理人：　　年　月　日</td><td colspan="3">审核人：　　年　月　日：</td><td colspan="2">录入人：　　年　月　日</td></tr>
</table>

购买的印花税票应当粘贴在应纳税凭证上，并由纳税人在每枚税票的骑缝处盖戳注明或者画销，已贴用的印花税票不得再用。

为简化贴花手续，应纳税额较大或者贴花次数频繁的，纳税人可向税务机关提出申请，采取以缴款书代替贴花或者按期汇总缴纳的办法。

应纳税凭证应当于书立或者领受时贴花。

第二节 印花税实务

一、购销合同印花税的计算

【例10-1】5月5日甲公司与乙公司签订了一份购买A产品的合同，合同中所载A产品的金额100 000元。那么甲公司签订这份购销合同应交纳多少印花税？

应纳税额=100 000×3‰=30（元）

根据相关规定，供应、预购、采购、购销结合及协作、调剂、补偿、易货等合同都属于购销类合同，应按购销合同的税率贴花。需要注意的是：同一凭证，由两方或者两方以上当事人签订并各执一份的，应当由各方就所执的一份各自金额贴花。

二、加工承揽合同印花税的计算

【例10-2】甲广告公司与A企业签订了一份印刷广告的合同，合同上载明广告印刷好后甲公司收取50 000元的广告印刷费。甲广告公司签订这份印刷广告合同时，应如何贴花？

应纳税额=50 000×5‰=25（元）

根据税法的规定，加工、定作、修缮、修理、印刷、广告、测绘、测试等合同均属于加工承揽合同，应按购销金额的万分之五贴花。

三、建设工程勘察设计合同印花税的计算

【例10-3】丙公司与丁公司签订了一份工程设计合同，合同上载明，工程设计完成后丙公司收取80 000元的费用。在签订合同时，丙公司应交纳多少印花税？

应纳税额=80 000×5‰=40（元）

根据相关规定，勘察、设计合同应按建设工程勘察设计合同的规定，按收取费用的万分之五进行贴花。

四、建筑安装工程承包合同印花税的计算

【例10-4】丙公司与B公司签订了一份分包合同，合同上注明：丙公司将一项建筑工程分包给B公司做，分包金额为600 000元。丙公司签订这份分包合同应交纳多少印花税？

应纳税额=600 000×3‰=180（元）

根据相关规定，建筑、安装工程总承包合同、转包合同、分包合同都属于建筑安装工程承包合同的范围，应按承包金额的万分之三贴花。

五、财产租赁合同印花税的计算

【例10-5】甲公司向丙公司租赁了一台大型的生产机器设备，租赁合同上载明：机器设备的租赁期限为一年，租赁费用为36 000元，甲公司按月支付。这份租赁合同甲公司应交纳多少印花税？

应纳税额=36 000×1‰=36（元）

根据相关规定，租赁房屋、船舶、飞机、机动车辆、机械、器具、设备等合同均属于财产租赁合同的范围，应按租赁金额的千分之一贴花。税额不足一元的按一元贴花。

六、货物运输合同印花税的计算

【例10-6】A运输公司与B运输公司签订了一份联运合同，合同上载明运输任务完成后由A运输公司向B运输公司支付95 000元的运输费用。这份合同，A运输公司应交纳多少印花税？

应纳税额=95 000 × 5‱=47.50（元）

根据相关规定，民用航空、铁路运输、海上运输、内河运输、公路运输和联运合同都属于货物运输合同的范围，因此，应按运输收取费用的万分之五进行贴花。

七、仓储保管合同印花税的计算

【例10-7】A企业与B企业签订了一份三年期仓储租赁合同，合同上载明：仓储费用总金额为60 000元，按年支付。A企业应这份租赁合同应交纳多少印花税？

应纳税额=60 000 × 1‰=60（元）

根据相关规定，仓单或栈单合同作为合同使用的，应视同为仓储保管合同按收取保管费用的千分之一进行贴花。

八、借款合同印花税的计算

【例10-8】5月份甲公司与银行签订了一份300 000元的借款合同，签订这份合同甲公司应交纳多少印花税？

应纳税额=300 000 × 0.5‱=15（元）

在实际工作中，如果单据作为借款合同使用的，根据相关规定，应视为借款合同按借款金额的万分之零点五进行贴花。

九、财产保险合同印花税的计算

【例10-9】丁公司与保险公司签订了一份财产保险合同，合同中载明：保险标的物的价值为350 000元，需支付保险费3 500元。丁公司就这分保险合同应交纳多少印花税？

应纳税额=3 500×1‰=3.50（元）

根据相关规定，财产、责任、保证、信用等保险合同均属于财产保险合同的范围，应按保险费用的千分之一进行贴花。如果单据作为财产保险合同使用时，亦应进行贴花。

十、技术合同印花税的计算

【例10-10】E公司与W公司签订了一份技术开发合同，合同上所载价款为150 000元。E公司就这份合同应交纳多少印花税？

应纳税额=150 000×3‰=45（元）

根据相关规定，技术开发、转让咨询、服务等合同也属于技术合同范围，因此，这类合同应按技术合同的税率计算印花税并进行贴花。

十一、产权转移书据印花税的计算

【例10-11】A企业将一项专有技术的使用权转让给B企业，合同上载明的转让费用为120 000元。就这份转让合同，A企业应交纳多少印花税？

应纳税额=120 000×5‰=60（元）

根据相关规定，财产所有权和版权、商标专用权、专利权、专有技术使用权等转移书据属于产权转移书据的范畴，应按转移书据所记载金额的万分之五计算印花税并进行贴花。

十二、生产、经营用账册印花税的计算

【例10–12】甲公司2010年记载资金的账簿，企业当年固定资产与自有流动资金的总金额为500 000元，其他营业账簿共8本。甲公司使用的这些营业账簿应交纳多少印花税？

记载资金账簿应纳税额=500 000 × 5‰=250（元）

其他营业账簿应纳税额=8 × 5=40（元）

甲公司使用营业账簿共需交纳印花税=250+40=290（元）

根据相关规定，营业账簿印花税的交纳方法为：记载资金的账簿按固定资产原值与自有流动资金总额万分之五贴花。其他账簿按件贴花五元。

十三、权利、许可证照印花税的计算

【例10–13】D公司5月份开业时领受土地使用证1件，房屋产权证1件，工商营业执照1件。D公司就这三份证应交纳多少印花税？

应纳税额=（1+1+1）× 5=15（元）

根据相关规定，政府部门发给的房屋产权证、工商营业执照、商标注册证、专利证、土地使用证，应按每件5元贴花。

第十一章

不动产转移不忘交税

——契税实务

第一节 契税基础知识

契税是对在我国境内转移土地、房屋权属的单位和个人征收的一种财产税，它是向产权承受人征收的。

一、契税的纳税义务人

在我国境内转移土地使用权、房屋所有权的企业单位、事业单位、国家机关、军事单位、社会团体以及其他组织和个体经营者及其他个人是契税的纳税义务人。

二、契税征税项目

契税征税项目是指下列转移土地、房屋权属的行为，如图11-1所示。

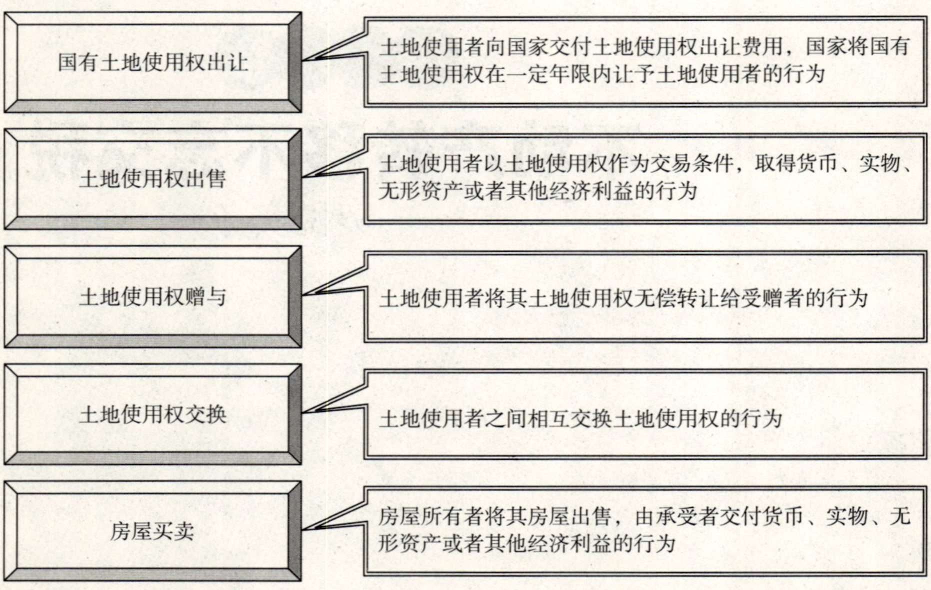

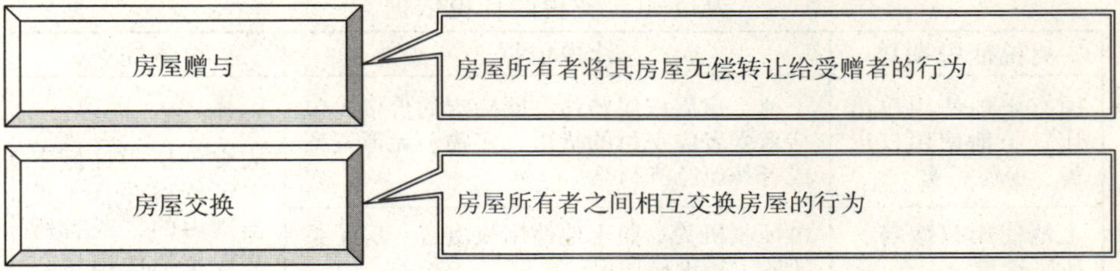

图11–1　契税征税项目

三、特殊方式转移土地、房屋权属的行为

需要注意的是，在实际工作中，土地、房屋权属以下列方式转移的，视同土地使用权转让、房屋买卖或者房屋赠与征税。

（1）以土地、房屋权属作价投资、入股；

（2）以土地、房屋权属抵债；

（3）以获奖方式承受土地、房屋权属；

（4）以预购方式或者预付集资建房款方式承受土地、房屋权属。

四、契税税率

契税的税率幅度为3%～5%。

契税的具体适用税率，由省、自治区、直辖市人民政府在规定的税率幅度内根据本地区的实际情况确定。

应纳税额＝计税依据×税率

在实际工作中，契税计税依据的确定方法如表11–1所示。

表11-1　契税的计税依据

<table>
<tr><th>契税征税项目</th><th>计税依据</th><th>备注</th></tr>
<tr><td>国有土地使用权出让、土地使用权出售、房屋买卖</td><td>土地、房屋权属转移合同确定的价格（包括承受者应交付的货币、实物、无形资产或者其他经济利益）</td><td rowspan="3">成交价格明显低于市场价格并且无正当理由的，或者所交换土地使用权、房屋的价格差额明显不合理并且无正当理由的，由征收机关参照市场价格核定</td></tr>
<tr><td>土地使用权赠与、房屋赠与</td><td>由征收机关参照土地使用权出售、房屋买卖的市场价格核定</td></tr>
<tr><td>土地使用权交换、房屋交换</td><td>所交换的土地使用权、房屋的价格差额（土地使用权交换、房屋交换，交换价格不相等的，由多交付货币、实物、无形资产或者其他经济利益的一方缴纳税款。交换价格相等的，免征契税）</td></tr>
<tr><td>以划拨方式取得土地使用权</td><td>补缴的土地使用权出让费用或者土地收益</td><td>经批准转让房地产时，应由房地产转让者补缴契税</td></tr>
</table>

五、减征或免征契税的项目

根据《契税暂行条例》及其实施细则的相关规定，减征或者免征契税的项目有：

（一）国家机关、事业单位、社会团体、军事单位承受土地、房屋用于办公、教学、医疗、科研和军事设施的，免征契税

（1）用于办公的是指办公室（楼）以及其他直接用于办公的土地、房屋。

（2）用于教学的是指教室（教学楼）以及其他直接用于教学的土地、房屋。

（3）用于医疗的是指门诊部以及其他直接用于医疗的土地、房屋。

（4）用于科研的是指科学试验的场所以及其他直接用于科研的土地、房屋。

（5）用于军事设施的，是指以下几方面。

①地上和地下的军事指挥作战工程；

②军用的机场、港口、码头；

③军用的库房、营区、训练场、试验场；

④军用的通信、导航、观测台站；

⑤其他直接用于军事设施的土地、房屋。

其他直接用于办公、教学、医疗、科研的以及其他直接用于军事设施的土地、房屋的具体范围，由省、自治区、直辖市人民政府确定。

（二）城镇职工按规定第一次购买公有住房的，免征契税

城镇职工按规定第一次购买公有住房的，是指经县以上人民政府批准，在国家规定标准面积以内购买的公有住房。城镇职工享受免征契税，仅限于第一次购买的公有住房。超过国家规定标准面积的部分，仍应按照规定缴纳契税。

（三）因不可抗力灭失住房而重新购买住房的，酌情准予减征或者免征

不可抗力是指自然灾害、战争等不能预见、不能避免并不能克服的客观情况。

（四）土地、房屋被县级以上人民政府征用、占用后，重新承受土地、房屋权属的，是否减征或者免征契税，由省、自治区、直辖市人民政府确定

（五）纳税人承受荒山、荒沟、荒丘、荒滩土地使用权，用于农、林、牧、渔业生产的，免征契税

（六）依照我国有关法律规定以及我国缔结或参加的双边和多边条约或协定的规定应当予以免税的外国驻华使馆、领事馆、联合国驻华机构及其外交代表、领事官员和其他外交人员承受土地、房屋权属的，经外交部确认，可以免征契税

（七）财政部规定的其他减征、免征契税的项目

需要注意的是，在实际工作中，经批准减征、免征契税的纳税人改变有关土地、房屋的用途的应当补缴已经减征、免征的税款。

六、契税的一般账务处理

（一）计提应交的契税时

借：管理费用（固定资产、无形资产、在建工程等相对应科目）

贷：应交税费-应交契税

（二）实际交纳契税时

借：应交税费-应交契税

贷：银行存款

七、契税的征收管理

契税的纳税义务发生时间，为纳税人签订土地、房屋权属转移合同的当天，或者纳税人取得具有合同效力的契约、协议、合约、单据、确认书以及由省、自治区、直辖市人民政府确定的其他凭证的当天。

纳税人应当自纳税义务发生之日起10日内，向土地、房屋所在地的契税征收机关办理纳税申报，并在契税征收机关核定的期限内缴纳税款。

契税纳税申报表的格式如下。

表11-2 契税纳税申报表

契税纳税申报表

填表日期： 年 月 日　　单位：元、平方米

承受方	名称		识别号	
	地址		联系电话	

续　表

<table>
<tr><td rowspan="2">转让方</td><td>名称</td><td></td><td>识别号</td><td></td></tr>
<tr><td>地址</td><td></td><td>联系电话</td><td></td></tr>
<tr><td rowspan="5">土地、房屋权属转移</td><td>合同签订时间</td><td colspan="3"></td></tr>
<tr><td>土地、房屋地址</td><td colspan="3"></td></tr>
<tr><td>权属转移类别</td><td colspan="3"></td></tr>
<tr><td>权属转移面积</td><td colspan="3">平方米</td></tr>
<tr><td>成交价格</td><td colspan="3">元</td></tr>
<tr><td>使用税率</td><td colspan="4"></td></tr>
<tr><td>计征税额</td><td colspan="4">元</td></tr>
<tr><td>减免税额</td><td colspan="4">元</td></tr>
<tr><td>应纳税额</td><td colspan="4">元</td></tr>
<tr><td>纳税人员
签　章</td><td colspan="2"></td><td>经办人员
签　章</td><td></td></tr>
<tr><td colspan="5">（以下部分由征收机关负责填写）</td></tr>
<tr><td>征收机关
收到日期</td><td></td><td>接收人</td><td></td><td>审核日期</td><td></td></tr>
<tr><td>审　核
记　录</td><td colspan="4"></td></tr>
<tr><td>审核人员
签　章</td><td colspan="2"></td><td>征收机关
签　章</td><td></td></tr>
</table>

第二节 契税的计算

一、取得国有土地使用权时契税的计算

【例11-1】甲企业获得一块国有土地的使用权，使用年限为50年。甲企业支付土地使用权出让费用5 000 000元。就这块土地甲企业应交纳多少契税？（契税的税率为5%）

应纳税额=5 000 000 × 5%=250 000（元）

根据国税函[2009]603号《国家税务总局关于明确国有土地使用权出让契税计税依据的批复》的相关规定，出让国有土地使用权，契税计税价格为承受人为取得该土地使用权而支付的全部经济利益；对通过“招、拍、挂”程序承受国有土地使用权的，应按照土地成交总价款计征契税，其中的土地前期开发成本不得扣除。

二、房屋买卖时契税的计算

【例11-2】张三将一套住房出售给李四，成交价格为350 000元，产权承受人李四应交纳多少契税（已知该地区的契税税率为4%）？

应纳税额=350 000 × 4%=14 000（元）

三、以房产抵债时契税的计算

【例11-3】李四因没有能力偿还王三的450 000元的债务，故以自有的房产折价抵偿债务。经相关部门的批准，双方办理了产权过户手续。对于取得房产产权的王三来说，应交纳多少契税（已知该地区的契税税率为3%）？

应纳税额=450 000×3%=13 500（元）

根据《契税暂行条例实施细则》的相关规定，以土地、房屋权属抵债的，应视同土地使用权转让、房屋买卖或者房屋赠与征税。

四、以房产投资时契税的计算

【例11-4】勒小儿以自己的一处房产进行投资，经与被投资企业甲企业约定，该处房产的价值为460 000元。甲企业在办理产权登记手续时，应交纳多少契税（已知契税的适用税率为3%）？

应纳税额=460 000×3%=13 800（元）

根据《契税暂行条例实施细则》的相关规定，以土地、房屋权属作价投资、入股的，视同土地使用权转让、房屋买卖或者房屋赠与征税。

五、房产交换时契税的计算

【例11-5】李三将一套两居室与黄三交换成三处一居室，李三补付房屋差价50 000元给对方。那么李三的这种换房行为应交纳多少契税（已知契税的适用税率为3%）？

应纳税额=50 000×3%=1 500（元）

根据相关规定，土地使用权交换、房屋交换时，契税的计税依据为所交换的土地使用权、房屋的价格差额。

【参考资料】

1.《中华人民共和国增值税暂行条例》（中华人民共和国国务院令第538号）

2.《中华人民共和国增值税暂行条例实施细则》（中华人民共和国财政部、国家税务总局令第50号）

3.《中华人民共和国消费税暂行条例》（中华人民共和国国务院令第539号）

4.《中华人民共和国消费税暂行条例实施细则》（中华人民共和国财政部、国家税务总局令 第 51 号）

5.《中华人民共和国营业税暂行条例》（中华人民共和国国务院令 第540号）

6.《中会人民共和国营业税暂行条例实施细则》（中华人民共和国财政部国家税务总局令 第52号）

7.《中华人民共和国城市维护建设税暂行条例》（国发[1985]19号）

8.《中华人民共和国企业所得税法》（中华人民共和国主席令 第63号）

9.《中华人民共和国企业所得税法实施条例》（中华人民共和国国务院令 第512号）

10.《中华人民共和国个人所得税法》（中华人民共和国主席令 第85号）

11.《中华人民共和国个人所得税法实施条例》（国务院令 第452号）

12.《中华人民共和国土地增值税暂行条例》（国务院令[1993]第138号）

13.《中华人民共和国土地增值税暂行条例实施细则》（财法字[1995]第6号）

14.《中华人民共和国车船税暂行条例》（中华人民共和国国务院令 第482）

15.《中华人民共和国车船税暂行条例实施细则》（财政部、国家税总局令 第46号）

16.《中华人民共和国印花税暂行条例》（国务院令[1988]第11号）

17.《中华人民共和国印花税暂行条例施行细则》（财税字[1988]第225号）

18.《中华人民共和国契税暂行条例》（国务院令[1997]第224号）

19.《中华人民共和国契税暂行条例细则》（财法字[1997]52号）

20.《国家税务总局关于明确国有土地使用权出让契税计税依据的批复》（国税函[2009]603号）

21.《财政部、国家税务总局关于土地增值税一些具体问题规定的通知》（财税字[1995]48号）

22.《国家税务总局关于个人因解除劳动合同取得经济补偿金征收个人所得税问题的通知》（国税发[1999]178号）

23.《国家税务总局关于个人所得税有关政策问题的通知》（国税发[1999]58号）

24.《国家税务总局关于调整个人取得全年一次性奖金等计算征收个人所得税方法问题的通知》（国税发[2005]9号）

25.《财政部、国家税务总局关于营业税若干政策问题的通知》（财税[2003]16 号）

26.《关于全国实施增值税转型改革若干问题的通知》财政部、国家税务总局财税[2008]170号

27.《增值税一般纳税人资格认定管理办法》（国家税务总局令第22号）

28.《税法》，中国注册会计师协会编著，经济科学出版社2009年04月出版

29.《中华人民共和国税收征收管理法》（中华人民共和国主席令[2001]49号）

30.《中华人民共和国税收征收管理法实施细则》（国务院令[2002]362号）